Walter Flex

Sonne und Schild

Kriegsgesänge und Gedichte

(Großdruck)

Walter Flex: Sonne und Schild. Kriegsgesänge und Gedichte
(Großdruck)

Erstdruck: Braunschweig, Westermann, 1915 mit der
Widmung: »Ein Ehrendenkmal für meinen für Kaiser und
Reich gefallenen lieben Bruder den Leutnant Otto Flex
(Infantrieregiment Nr. 160)«

Neuausgabe mit einer Biographie des Autors
Herausgegeben von Theodor Borken
Berlin 2019

Umschlaggestaltung von Thomas Schultz-Overhage

Gesetzt aus der Minion Pro, 16 pt, in lesefreundlichem
Großdruck

ISBN 978-3-8478-4272-9

Die Deutsche Nationalbibliothek verzeichnet diese
Publikation in der Deutschen Nationalbibliografie; detaillierte
bibliografische Daten sind im Internet über www.dnb.de
abrufbar.

Henricus Edition Deutsche Klassik UG (haftungsbeschränkt),
Berlin
Herstellung: BoD – Books on Demand, Norderstedt

Inhalt

Schildspruch

Vor Gott ohne Recht,
Keines andern Knecht!

Erstes Buch

Kriegsgesänge

Preußischer Fahneneid

Ich habe dem König von Preußen geschworen
Einen leiblichen Eid.
Der König von Preußen hat mich erkoren
Zum Helfer im Streit.
Wer will dem König von Preußen schaden,
Den will ich vor meine Waffen laden
Vor Tau und Tag, bei Nacht und Tag.
Die Hand führt guten, gerechten Schlag,
Die zum Schwur auf der preußischen Fahne lag.

Der König von Preußen hat viele Hasser
Durch alle Welt.
Sie haben tückisch zu Land und Wasser
Sein Grab bestellt.
Sie sollen zusammen zuschanden werden!
Der König von Preußen hat auf der Erden
Schwertwächter und Getreue genug.
Trotz Feindes List und Lug und Trug
Über die Welt hin geht sein Siegeszug.

Von uns wird keiner die Treue brechen
Und keiner den Eid.
Wir wollen ihn schützen und wollen ihn rächen,
Wir tragen sein Kleid.
Wir sind dem König von Preußen verschworen
Mit Leib und Seele, wie wir geboren.
Wer auf die preußische Fahne schwört,
Hat nichts mehr, was ihm selber gehört.
Weh, dem, der des Königs Wege stört!

Der König von Preußen kann ruhig gehen,
Wohin's ihm gefällt.
So weit seine seidenen Fahnen wehen,
Ist sein die Welt.
Wir haben auf seine Fahne geschworen,
Von unserem Eid geht kein Wörtlein verloren.
Sein ist die Nacht, sein ist der Tag.
Die Hand führt guten, gerechten Schlag,
Die zum Schwur auf der preußischen Fahne lag.

Totenklage im Völkerschlachtdenkmal

Ihr toten Brüder, jenseits der tiefen Nacht,
Schaut ihr die Feuer unserer Totenwacht?
Habt ihr der Lieder, habt ihr des Lebens acht?
Unsre jungen Seelen sind loh entfacht,
Opferfeuer für euch am gähnenden Schacht
Dunkelnder Ewigkeiten und toter Zeit.
Unsre Seelen sind eurer Antwort bereit!
Unsre Feuer verdämmern in eure Nacht,
Lichter, Gedanken und Lieder schicken wir weit,
Weit hinüber zu euch durch Dunkelheit,
Hört uns, ihr Brüder, wir halten Totenwacht!

Ist der ein Tor, der harrend am Meeresstrand
Rufend die Stimme schickt nach jenseitigem Land?
Der nach dem Schiffe, das lange in Nacht entschwand
Immer noch grüßt und grüßt mit winkender Hand?
Ist der ein Tor,
Der für die Nähe und Ferne den Sinn verlor,
Weil ihm die Seele von zeitloser Sehnsucht entbrannt?
Flutet ein Meer zwischen Zeit und Ewigkeit?
So wenig seid ihr uns fern, die ihr nicht mehr seid!
Unsre Füße rauschen durch euer Haus,
Wir fuhren, Wellen im Strom, ihr wuscht seine Bette aus.
Gestern waret ihr Strom und heute wir,
Stromab gleiten wir alle, ihr dort, wir hier.
Aber es bleibt, den die Wogen befruchten, der Strand
Ewig dient unser Strom dem dauernden Land.
Ewig prangt das Land von der kühlen Kraft,

Die, im Wechsel dauernd, das Dauernde schafft.
Jede Welle gibt flutend ihr Bestes dem Land.

Jede Welle verliert sich zuletzt ins Meer.
Nie wird das heilige Bett des Stromes leer.
Ihr strömt Welle um Welle zum Meeresschoß,
Aber die Sonne reißt euch vom Meere los
Schüttet aus Wolken eure befruchtende Kraft
Wieder über das Land, daß es nie erschlafft.
Ewige Kräfte tauschen Ströme und Meer.
Tote Brüder, ihr wandert über uns her,
Wandert als Wolken über der wandernden Flut. –
Ewig in eurer, ewig in unsrer Hut
Dauert der Strand,
Dauert das blühende, ewige deutsche Land!
Wetterzeichen lohen am Horizont!
Über die Heimat, die noch der Friede besonnt,
Jagen Sturmschwalben mit unheilkündendem Flug ...
Brüder, wir wissen genug!
Wenn an den Grenzen der Feind den Haß nicht hemmt,
Wehe ihm! Woge auf Woge rollt ungedämmt
Über ihn hin, bis er in Nichts verschwemmt!
Wenn die Schwerterstunde des Schicksals gleißt,
Aus Gewitterwolken strömt euer Geist
Rauschend nieder und mischt sich unsrer Flut
Und strömt mit uns über die fremde Brut!
Hört uns, ihr Brüder! Wir halten Totenwacht.
Unsre jungen Seelen sind loh entfacht,
Unsre jungen Seelen sind wach und bereit.
Um die Feuer sitzen wir, Hüter der Zeit,
Schickt uns zur Antwort Kräfte der Ewigkeit!

Sturmruf

Die Zeit der blutgetränkten Tage
Ist da!
Nun schweigt von Tod und Totenklage!
Der Tag will nur *ein* Wort: Hurra!
Die Herzen zusammengerissen,
Die Zähne zusammengebissen
Und vorwärts und Hurra!

Die Zeit der tränenfeuchten Nächte
Ist da!
Weh dem, der nachts nicht Opfer brächte!
Der Tag will nur *ein* Wort: Hurra!
Die Herzen zusammengerissen.
Die Zähne zusammengebissen
Und vorwärts und Hurra!

Die Zeit der Not in allen Landen
Ist da!
Durch Glockenschwall Gebete branden!
Doch jedes Amen wird Hurra!
Die Herzen zusammengerissen,
Die Zähne zusammengebissen
Und vorwärts und Hurra!

Das Volk in Eisen

Mein Volk im grauen Eisenkleid,
Zu Gottes Schildamt geschaffen,
Nun starren Fluren und Fluten weit
Von deinen heiligen Waffen.
Das ganze Volk ein eherner Schild,
Und auf dem Schild der Kaiser!
Schildschmuck, dem unser Trachten gilt,
Sind Blut und Eichenreiser.

Wir trinken Schmerz und Seligkeit
Aus einem Erzpokale,
Wir tragen Stolz auf unser Leid
Und leeren die ganze Schale.
Der Sieg ist Pflicht. Sonst schert uns nichts,
Der Krieg weiß nichts vom Sterben,
Wir wissen uns Hüter und Kämpfer des Lichts
Und kennen unsre Erben.

Wir tragen den Kaiser auf ehernem Schild,
Umrauscht von tausend Fahnen,
Ihm sind wir hellen Weg gewillt
Durch dunkle Nacht zu bahnen.
Ein Händedruck, ein fester Blick
Sind Schwert- und Reisesegen,
Und kommen nur Schild und Kaiser zurück,
Was ist an uns gelegen!

Der frische, wild Junker Tod
Ist unser Kriegskam'rade,

Wir folgen seinem Schlachtgebot
Und warten, wen er lade.
Wir sind berufen zu jeder Not,
Wir stehen zum Sturm geschlossen,
Uns ist ein brünstiges Freudenrot
Über Wangen und Hals ergossen.

Es dröhnt das Land vom ehernen Tritt
Der tausend reisigen Haufen,
Wir wissen, daß wir mit Schritt und Tritt
Uns Recht und Land erkaufen.
Die Füße rühren, wo wir ziehn,
In Väter Heldenstaube,
Bei jedem Schritt kommt uns zu Sinn
Der Väter Tat und Glaube.

Wir wollen das Haß- und Truggespinst
Der neidischen Wichte zertreten,
Ein jeder Schwertschlag Gottesdienst
Und jeder Schuß ein Beten!
Und wenn der eherne Schild zerbirst,
Für den wir das Letzte geben –
Ich weiß, mein heiliges Volk, du wirst
Deine Fahnen nicht überleben.

Und sollte zu Gottes Armenhaus
Die deutsche Erde werden –
Wir stellen den letzten Jungen heraus
Und opfern die letzten Herden.
Wir haben schon einmal rotes Gold
Für graues Eisen gegeben,

Und wenn es am Letzten mangeln sollt',
So läßt sich vom Sterben leben.

Mein Volk im grauen Eisenkleid,
Du Volk der tausend Schlachten,
Gereift durch tausendjähriges Leid,
Dir soll es noch nicht nachten!
Dran! Drauf mit deutscher Zucht und Wucht!
In Luft und Flur und Fluten
Laß deiner Feinde Gier und Sucht
An deutschem Stahl verbluten!

Du Volk im grauen Eisenkleid,
Du trutz'ge lebendige Mauer,
Du bist bereit, du bist geweiht
Zu Sieg und Lust und Trauer.
Die ganze Welt steht wider dich auf
Und will deine Fahnen zerreißen,
Komm an, Gesindel! Komm an zuhauf
Und stürme die Mauer von Eisen.

Kriegerseele

Wie der Funke in dem Stein,
Wie der Blitz in Gottes Wolke
Ruht die Seele dein und mein
Tatbereit in unserm Volke.

Blitz und Funke mag vergehn,
Wenn sie niederfahrend zünden.
Flammen werden auferstehn
Und zum Brande sich verbünden.

Helle, junge Seele zisch'
In des Feindes volle Scheuern!
Flamme, zünde und erlisch
Oder wachs' zu mächt'gen Feuern!

Besser Haus als Seele leer!

Wir haben lange geliebt und gekost,
Nun ist uns das eiserne Schicksal erlost.
Wir Männer, wir brauchen keinen Trost,
Doch sollen auch Kinder und Frauen
Aus leuchtenden Augen schauen.

Der Todesvogel in Wolken kreist,
Weiß keiner, wen er in die Fänge reißt,
Weiß keiner, wer morgen verwitwet, verwaist –
Der Trost soll die Herzen euch festen:
Schwerttod nimmt immer die Besten.

Ihr wiegtet rosige Kinder in Lust,
Ihr hieltet den Liebsten an brennender Brust,
Ihr habt vom Glück und der Liebe gewußt,
Nun laßt euer Zukunftsgrämen:
Was *war*, kann keiner euch nehmen.

Verscharrt man euch draußen in fremdem Sand
Den Vater, so habt ihr ein Vaterland,
An das euch sein blutiges Sterben band.
Das sollt ihr statt seiner lieben,
So ist euch das Beste geblieben.

Fällt euch in blutiger Schlachtenfron
Im Blachfeld draußen Sohn um Sohn,
So ward eurem Leben der höchste Lohn:
Ihr habt sie dem Volke erzogen,
Sie haben euch nicht betrogen.

Die Dornenkrone drückt euch schwer
Und drückt euch täglich mehr und mehr,
Doch besser Haus als Seele leer!
Drum laßt aus den Augen, den feuchten,
Den Stolz der Seele leuchten.

Die Front auf den Feind

Der Ort, wo unsre Väter liegen,
Wo deutsche Mütter Kinder wiegen,
Soll uns beim Kampf im Rücken sein.
Die Augen in den Feind hinein,
Im Rücken, was uns teuer,
So stürzen wir uns Feuer.

Im Rücken spielen unsre Kleinen
Mit hellen Augen, flinken Beinen,
Und spielen alle nichts als Krieg,
Und spielen alles nichts als Sieg –
Kosak, trotz Wut und Hassen,
Die sollst du wachsen lassen!

Was unsre deutschen Jungen taugen,
Das steht in ihren hellen Augen.
Franzos, du sollst auch die bestehn
Und sollst sie einst recht nah bestehn!
Darum trotz Wut und Hassen,
Die sollst du wachsen lassen!

Wir stehn in eiserner Gewandung
Und rufen in die Völkerbrandung:
Die Luft geh' lind, die Luft geh' harsch,
Vorwärts, hurra, wir sind in Marsch!
Im Rücken, was uns teuer,
So stürzen wir ins Feuer!

Feinde ringsum!

Hört ihr im West die Füchse bell'n?
Es heult der Wolf im Osten.
Wir woll'n dem Raubzeug Eisen stell'n,
Des Schärfe soll'n sie kosten!
Laßt nur im Nord
Den Hai auf Mord
Blutspur durchs Weltmeer reißen,
Er muß uns doch ins Eisen!

Im Nord und Süd und Ost und West
Liegt Feind an Feind auf Lauer,
Rings um die Heimat stark und fest
Steht die lebend'ge Mauer.
Berg, Strom und Bach
Sind doch zu schwach,
Der Feinde Schwall zu dämmen,
Wir selber sollen ihn hemmen!

Ein Männervolk zum Ring gestellt,
Ist rechte deutsche Grenze.
Die Grenze hält, ob auch die Welt
Von Feindeshelmen glänze.
Von Fleisch und Blut
Die Grenz' ist gut,
Die Grenze will marschieren
Wohl nach den Winden, den vieren!

Es gehn durchs weite Feindesland
Viel weite, breite Straßen,

Und rechter Hand und linker Hand
Dehnt sich der grüne Rasen.
Voran, voran!
Den toten Mann
Legt in den kühlen Rasen!
Sieg sollt ihr darüber blasen!

Ihr habt uns nicht gekannt!

Wohl schlicht ihr lang um unser Haus
Und spähtet jeden Winkel aus,
Ihr wolltet uns berennen
Und meintet uns zu kennen –
Ihr habt *uns* nie und nie gekannt!

Ihr wußtet viel von Zahl und Plan;
Nun merkt, damit ist nichts getan.
Was frommt euch alles Gaffen
Auf unsre blanken Waffen?
Ihr habt uns dennoch *nie* gekannt!

Ihr hieltet tags und nachts das Ohr
An unsres guten Hauses Tor,
Ihr hörtet einen jeden
Nach seinem Kopfe reden
Und habt uns dennoch *nie* gekannt!

Es ist kein Haus der Welt gefeit
Vor Bruderzank und Glaubensstreit.
Ihr hörtet unser Zanken
Und saht, woran wir kranken,
Und habt uns dennoch *nie* gekannt!

Der Deutsche nur mag recht verstehn,
Auf deutschen Herzen Grund zu sehn.
Zum Blick ins Herze taugen
Bei uns nur reine Augen –
Darum habt ihr uns *nie* gekannt!

Ihr saht der Flamme Ruß und Rauch
Und meintet drum, die Flamme auch
Auf unserm Herd zu kennen.
Nun seht, wie hell wir brennen!
Ihr habt uns *nie* und *nie* gekannt.

Mordbrenner unsres Heiligtums!
Als Fackelträger deutschen Ruhms
Steht ihr mit roten Bränden
In euren Räuberhänden
Und fühlt: *Ihr habt uns nie* gekannt!

Ostmarkenlied

Du heil'ger deutscher Osten!
Liegst offen wie das deutsche Herz.
Doch deines Grenzwalls starke Posten
Sind unsre Leiber hell in Erz.
Was deine tausend Seen spiegeln,
Ist deutschen Volkes lichte Wehr.
Es strahlt von deinen frommen Hügeln
Der lautre Schwertglanz weit umher.

Du heil'ger deutscher Osten!
Bist weit und hell wie deutscher Geist.
Die blanke Wehre soll nicht rosten,
Die wir zu deinem Schutz geschweißt.
Was deine tausend Mühlen mahlen,
Ist deutsches Brot, stark, breit und gut.
Wer's holen will, der soll es zahlen,
Und wer uns feind ist, zahlt mit Blut!

Du heil'ger deutscher Osten!
Bist stark wie deutscher Männer Mut.
Kein Feind soll deine Gaben kosten,
Du bist gedüngt mit deutschem Blut.
Was deine Felderbreiten reifen,
Ist deutsches Korn für deutsches Land.
Wer will in Halm und Ähre greifen
Mit frevler Gier – der läßt die Hand!

Du heil'ger deutscher Osten!
Und stünde alle Welt in Brand,

Wir stehen fest. Wachtfeuer glosten
Und lodern weit in Feindesland.
Heraus, was deutsch der Herr erschaffen!
Die Ostmark ruft! Reiht euch ins Glied
Und braust mit Herz und Mund und Waffen
Das wilde, heil'ge, deutsche Lied!

Ostdeutsches Kinderlied

Nach dem Sieg von Tannenberg

Auf unsrer Wiese gehet was,
Watet durch die Sümpfe.
Es hat ein graues Röcklein an,
Trägt nicht Schuh' noch Strümpfe.
Mit den Zähnen klapperdiklapp
Läuft es immer, trapp, trapp, trapp.
Durch die deutschen Sümpfe.

Es ist der arme Nikolaus,
Watet durch die Sümpfe,
Er hat ein graues Röcklein an,
Trägt nicht Schuh' noch Strümpfe.
Gen'ral Hindenburg, schwapp, schwapp, schwapp,
Fängt das Männlein klapperdiklapp
In den deutschen Sümpfen.

Einst und jetzt

Mir ist gesagt zu singen
Von heil'gen großen Dingen.
Nun aber acht' ich alles Tand.
Nun hat nur ein Wort Vollgehalt
Und fordert Tat- und Lichtgewalt:
Mein heil'ges deutsches Vaterland!

Wir wußten wohl zu streiten
In faulen Friedenszeiten,
Der Krieg schlägt allen Zwist zu Tand.
Nun glüht ein Blut in allen Adern
Und alle treibt es, mitzuhadern
In *deinem* Hader, Vaterland!

Wir wußten wohl zu kosen.
Nun gilt der Dorn der Rosen,
Und Duft und Blüte acht' ich Tand.
Und trägt nur *eine* Liebe Preis:
Die Liebe, die zu opfern weiß
Auf deinem Altar, Vaterland!

Einst schien die Welt zum Rahmen
Uns gut für unsern Namen,
Nun acht' ich selber mich für Tand.
Doch hab' ich nichts verloren,
Seit ich mir abgeschworen
Und dir geschworen, Vaterland!

Wir wußten stolz zu planen,
Nun rauschen Deutschlands Fahnen,
Und Plan und Hoffen wird zu Tand.
Ich bin nicht mehr ich selbst. Ich war,
Ich bin ein Glied der heil'gen Schar,
Die sich dir opfert, Vaterland!

Mir ist das Wort gegeben,
Den Schatz ans Licht zu heben,
Der lauter strahlt ob allem Tand,
So helfe Gott mir singen
Und, was ich sang, vollbringen
Für dich, für dich, mein Vaterland!

Ahnen und Enkel

Nun muß ich oft in tiefer Nacht das Ohr
Leis zu der dunklen deutschen Erde neigen
Und lauschen, lauschen in das ew'ge Schweigen,
In das sich tausendjähr'ger Lärm verlor.
Mir ist, ich hör' der Toten Herzen schlagen,
Die halberweckt von unsern großen Tagen
Die Auferstehung deutschen Volkes wittern
Und von dem Hauch der Ewigkeit erzittern,
Als habe Gott der Herr ins deutsche Land
Den eh'rnen Engel des Gerichts gesandt.

Es drängt herauf und schwillt wie Glockenton
Aus toten Städten in versunknen Tiefen,
Als regten sich die Toten rings und riefen:
Sei Wach! Die Ewigkeit ist angebrochen,
Die Gott der Herr dem deutschen Volk versprochen.
Nun wach und bete! Nimm in beide Hände
Den heil'gen Stahl und steh der Schicksalswende!
Sei wach! Heut braucht der Herr des ew'gen Lichts
Das deutsche Volk zum Engel des Gerichts!

Ich hör die Toten rings und leg' die Hand
Zu stummem Schwure auf die dunkle Erde.
Wohl, wir sind wach, nun Gott sein großes »Werde!«
Gerufen über unser Vaterland.
Gebet und Tat sind heil'ges Vätererbe.
Wohlan, ich schwör's: Und ob ich darum sterbe,
Ich will die deutsche Ewigkeit bereiten.
Hört uns, ihr Toten! Wir sind wach und schreiten

Zum Ziel, an das ihr einst wie wir geglaubt,
Und das kein Teufel unserm Volke raubt.

Trutz England!

Weise: Der Gott, der Eisen wachsen ließ …

Ich weiß ein Volk in Teufels Sold
Und tu's ihm kund zum Hohne.
Der Teufel schuf aus Katzengold
Die brit'sche Königskrone.
Weh, England, weh und aber weh!
Du bist um Gold verschworen
Und hast auf Gottes Land und See
Dein Menschenrecht verloren.

Es steht ein Volk in Gottes Sold
Und dient dem höchsten Throne.
Gott schuf aus lautrem Sonnengold
Die deutsche Kaiserkrone.
Mein deutsches Volk, mein deutsches Land,
Dich will ich kindlich preisen.
Gold ohne Ehre gilt dir Tand.
Mein heil'ges Volk in Eisen!

Voran dem feilen Völkertroß
Buntscheck'ger Söldnerhorden.
Ist Englands König Blutgenoss'
Schlitzäug'ger Diebe worden.
Mag alle Welt dem Recht zum Spott
Mietling der Hölle werden,
Ihr wißt's: Wir Deutschen fürchten Gott,
Sonst niemand auf der Erden!

Nun, Teufelsgold und Gottessold,
Tut eure Kraft erweisen!
Soweit die lichte Sonne rollt,
Steht Eisen wider Eisen.
Ich aber weiß und tu' es kund:
Das deutsche Schwert wird richten
Und wird das weite Erdenrund
Dem deutschen Gott verpflichten.

Zukunftsspruch

Ihr tausend Brüder, die ihr sterben geht
Und Deutschlands Zukunft nie mit Augen seht,
An der ihr blutig baut:
Ihr Brüder, geht und schaut
Beim Abschied einer Mutter, einem Knaben
Ins Auge. Dieser Anblick wird euch laben
Mit tiefstem Wissen, das nicht lügt,
In Ewigkeit euch nicht betrügt.
Schaut in ein deutsches Auge! Tief und hell
Und rein ist's wie ein klarer, guter Quell,
Vom Grunde schimmert lautres Gold empor.
Das ist das deutsche Gold, das Gott erkor,
Um seiner Welt die Krone draus zu schmieden. –
Ihr wißt die Zukunft. Seid getrost für Krieg und Frieden!

Die Fünfziger und der Tag von Ethe

Wo war es, wo der Tod am dicht'sten mähte
Mit seiner Sichel, die in Schlachtgut brennt?
Vergiß ihn nicht, den blut'gen Tag von Ethe!
Vergiß ihn nicht, fünfzigstes Regiment!

Das ist der Tag, für den dein Heldenkaiser
Dem Kommandeur die Männerhand gedrückt.
Der Händedruck schmückt mehr als Lorbeerreiser.
Wo ist ein Schmuck der Welt, der besser schmückt!

Treu hielt'st du, noch umspült von roter Lache,
Blutwacht auf Ethes heißumstrittnem Feld.
Am Abend hieltest du die Ehrenwache
Durch Kaisers Dank vor Kaiser Wilhelms Zelt.

Wo war's, wo Gott die schönsten Ehren säte
In deine Reihen, stolzes Regiment?
Vergeßt ihn nicht den Tag, den Tag von Ethe,
Wenn ihr die hellsten Ehrentage nennt!

Bruders Heldentod

Es liegt ein Held begraben,
In Kaisers Mantel gehüllt.
Des Herz und Hände haben
Die letzte Pflicht erfüllt.

Von meines Bruders Ende
Ich tapfer singen will,
Des Herz und liebe Hände
Nun liegen tief und still.

Er stürmte mit dem Degen
Vom Rhein bis Luremont,
Bis sie ihn mußten legen
Ins Blachfeld vor Chalons.

Er trug auf Kaisers Wegen
In Gottes Heldensaal
Der Seele blanken Degen,
Des Leibes reinen Stahl.

Ich habe Haß getragen
Von je auf Frankreichs Brut.
Nun ist mir Haß geschlagen
Als Eisen in alles Blut.

Deutsch war ich aller Stunden,
Nun bin ich ganz erkauft,
Durch Blut aus Bruders Wunden
Deutsch bis ins Mark getauft.

Ich schwör's bei Gottes Sternen
Ich will sein Erbe sein,
Wir können das Lachen verlernen,
Doch nicht das Tapfersein.

Der Ring ist nicht zerspalten,
Der uns so treu umfing.
Mein Bruder, es bleibt beim Alten:
Nur *weiter* wurde der Ring.

Gab uns dein Tod, der rasche,
Kein Grab für unsern Schmerz,
Die Urne für deine Asche
Ist unserer Mutter Herz.

Ihr Herz will ich bekränzen,
Das dich und mich umschließt;
Du schickst von fern ein Glänzen,
Das über die Rosen fließt.

Gott schick aus Himmelsfernen
Uns Schatten oder Licht,
Wir müssen das Trauern lernen,
Verzweifeln lernen wir nicht.

Dein Name ist gesungen,
Ein Reim auf Wilhelm Rex,
Der Reim ist hell verklungen,
Herr Leutnant Otto Flex.

Lehrers Abschied

(An J. v. L.)

Die Hand, mein lieber Junge! Still! Du weißt
So gut wie ich, was dieses Scheiden heißt.
Zum Kampfe für die Heimat würdigt mich
Der deutsche Gott. Sei stolz, er braucht auch dich!
Nur deiner deutschen Sendung Art und Zeit
Ist dunkel. Doch dein Herz liegt still bereit
In unseres Volkes Kammer wie ein Schwert,
Noch ungebraucht, doch blank und tatenwert.
Vor mir liegt Leben oder Tod. Vor dich
Tritt ernst das Leben. Junge, halte Stich!
Gott geb' mir Lebens- oder Todesglück,
In dir bleibt stets ein Teil von mir zurück.
Des bin ich fröhlich. Denn ich weiß, es bleibt
Mein Herz in deinem als ein Keim, der treibt.
Gott segne mich und in dir meine Saat!
Die Hand darauf, mein kleiner Kamerad!
Und, Junge, halte deine Augen rein,
Sie sollen Gottes liebste Spiegel sein!

»The Germans to the front!«

Du mit dem Kainsmal, britann'sche Brut,
Aus Neid Verräter am german'schen Blut,
Horch auf das Rauschen unsrer deutschen Fahnen!
Horch auf! Es soll zu blut'gem Schimpf dich mahnen.
Du kennst – das Rauschen deutschen Fahnentuchs.
Schlag auf die Seiten deines Schicksalsbuchs
Und lies das Wort, mit dem vor Chinas Toren
Einst unsre Fahnen du in Not beschworen!
Es war der Tag, wo Brite und Franzos
Und Russe bangten in des Todes Schoß.
In letzter Not, als keiner helfen konnt',
Da schriest du auf: »*Die Deutschen vor die Front!*«

Da ging ein Recken durch die müde Schlacht.
Die Deutschen vor! Es brach des Feindes Macht.
Da ward in aller weißen Völker Jungen
Den blonden deutschen Helden Dank gesungen ...
Heut brauchen wir im Kampf den letzten Mann,
Da fallt ihr uns mit gelben Hunden an!
Der Deutsche liegt im Kampf um Herd und Hufen,
Ihr habt's gewagt, uns vor die Front zu rufen.
Heut war's kein Notruf, es war Mordgeschrei,
Seid für, seid gegen uns – 's ist einerlei!
Du Kain England, horch auf unsre Fahnen!
Klingt dir ihr Rauschen nicht wie Todesahnen?
Horch auf, mein Volk, Britannias Schlachtruf gellt!
Auf, auf ihr Deutschen, vor die Front der Welt!

Deutsche Wiedergeburt

Den tiefen Durst nach Leben
Hat Gott uns eingegeben,
Er liegt in allem deutschen Blut.
Des Weltengeistes Wehen
Im tiefsten zu verstehen,
Das achten wir als höchstes Gut.

Doch ach, man konnte wähnen,
Das edle deutsche Sehnen,
Das uns als Fernste lieben heißt,
Sei uns in faulen Tagen
Im Blute umgeschlagen
Zu giftig schalem Affengeist.

Die Sehnsucht, weit zu streifen,
Das Fernste zu ergreifen,
Verdarb uns deutsche Art und Kunst.
Das Blendwerk fremder Laffen
Schien uns von Gott geschaffen,
Und war's auch eitel Rauch und Dunst.

Den deutschen Geist zu wecken
Warf Gott den Völkerschrecken
Des Weltbrands in das deutsche Haus
Und rief: Treibt aus die Horden,
Eh' sie zu Herr'n geworfen,
Doch treibt sie aus den Herzen aus!

Den eignen Geist zu schüren,
Ließ er uns kräftig spüren
Den fremden Geist und Aftergeist.
Mag's noch so bitter schmecken,
Das große deutsche Wecken
Ist Schöpfertat, die jeder preist.

Beim heil'gen Klang der Waffen
Hat Gott uns neu geschaffen.
Er will in deutscher Welt den Thron.
Uns ist ein Stolz geboren,
Auf den sei eingeschworen
Auf ewig Sohn und Enkelsohn!

Volk, du hast viel zu sühnen.
Nun weihe neu die Bühnen
Des Lebens und der deutschen Kunst!
Du selbst nur kannst dich adeln.
Frag' nichts nach Lob und Tadeln
Und achte fremde Gunst für Dunst!

Dem Freunde Treu' erweisen,
Doch kalt wie Eis und Eisen
Für fremden Mann und fremde Art –
So woll'n wir's fürder halten.
Gott mög' in Gnaden walten,
Daß Deutschland solchen Hochmut wahrt!

Deutsches Herbstlied, in Welschland gesungen

Herbstdunst weht um die Wipfel
In grauen Schwaden her,
Des Bergwalds breite Wipfel
Stehn alle kahl und leer.

Die Eisenschloßen fegen,
Der Winter sucht Quartier;
Reif liegt auf Feld und Wegen,
Auf dir, Kam'rad, und mir.

Noch stehen nur die Eichen
In bunter Lebenszier,
Ihr Starken seid uns Zeichen,
Wir halten's durch wie ihr.

Die wir durch Welschland streichen,
Stehn selbst dem Herbst zum Raub,
Doch freut's uns, daß den Eichen
Am längsten bleibt das Laub.

Wir tragen Eichenkränze
Auf blinkendem Gewehr,
Das Lied vom deutschen Lenze
Schwebt traumgleich vor uns her.

Geburtstag der Kaiserin in Viéville

Was geht heute vor in Viéville?
Musik marschiert auf und rührt das Spiel.
Durch die granatenzerfetzten Straßen
Läuft Trommelwirbel und Hörnerblasen ...
Wir feldgrauen Männer im Osten und Westen
Haben sonst nicht Zeit zu Singsang und Festen.
Wir haben kaum Zeit zum Schlafen und Essen
Und könnten Ostern und Pfingsten vergessen.
Wir liegen vor feindlichen Gräben und Mauern,
Schanzen und schießen und wachen und lauern.
Jubelfanfaren und Siegesfeste
Sind gut fürs Zuhaus im warmen Neste.
Aber das Heut trägt besonderen Sinn:
Es gilt den Geburtstag der Kaiserin!
Spiegel der Mütter! Zum blutigen Strauß
Stellt sie sechs kernhafte Söhne hinaus.
Ehrendienst, Frauendienst, Gottesdienst –
Der Tag trägt ein Festkleid von Goldgespinst!

Zu Feldgottesdienst, Choral und Gebet,
Zur Heerschau vor Gott die Truppe steht.
Sechsundfünfziger Kanoniere
Und wir, die fünfziger Musketiere.
Das feldgraue Viereck steht aufmarschiert,
Der Feldaltar von Geschützen flankiert,
Unsre Schlachtenfahne, seidig entrollt,
Bauscht sich in Blauluft und Sonnengold.
Regimentsmusik ist festlich zur Stelle.
Über Trommeln und Hörner fließt Sonnenhelle.

Die Instrumente sind blind und zerbeult,
In ihr Spiel hat das Schlachtenwetter geheult.
Macht nichts. Sie können doch brausen und dröhnen,
Gott zu dienen, den Feind zu höhnen!
Der Musikmeister reckt sich. Der Chor hebt an,
Ihr Lieblingschoral: Jesu geh voran!
Über Welschlands Wälder und Rebenhänge
Wandern die königlichen Klänge.
Lutheraner, Katholiken fallen ein,
Von Verdun her orgeln Kanonen darein ...
Der Prediger liest aus dem heiligen Buch
Bei Jesus Sirach den lauteren Spruch
Vom Segen, mit dem das Haus sich ziert,
Wo am Herd ein tugendsam Weib regiert.
Er spricht von den deutschen Müttern zu Haus,
Alle Herzen lauschen ins Weite hinaus
Nach der Mütter einsamem und friedsamem Schritt ...
Alle Herzen predigen leise mit:
»Gott hat die Herzen den Mütter geweiht
Zum Opferschalen der großen Zeit!
Legt täglich ein Liebesopfer hinein,
Und wär' es nur ein Ich-denke-dein,
Nur ein Stoßgebet, nur ein Herzaufwallen,
Die Gabe wird Gott, dem Allgüt'gen gefallen!
Wer die deutsche Mutter im Herzen trägt,
Sich mit sauberem Leib durch die Hölle schlägt.
Kam'rad, halte heilig den deutschen Leib!
Im welschen ehrst du das deutsche Weib.
Das deutsche Weib trägt ein Ehrenkleid;
Schatzhüterin, hegt sie das deutsche Leid,
Das deutsche Leid, das heilige Leid,
Keinen Flecken, Kam'rad, auf ihr priesterlich Kleid!

Die deutsche Frau will ein reines Dienen,
Das reinste die Königin unter ihnen!
Ihr dienen wir immer mit herzlichem Sinn,
Der Mutter des Volkes, der Kaiserin!
Man will ihr die lichte Krone zerschlagen ...
Einer Welt zum Trotze, sie soll sie tragen!
In Königs Rock, in Volkes Sold
Streiten wir für ihr heiliges Gold.
Der Welt zum Trotze ein brausend Hurra
Der Kais'rin Auguste Viktoria! ...«
Hat's der Mann am Feldaltar vorgebetet?
Hat das deutsche Volk mit sich selber geredet? ...
Amen. Das feldgraue Viereck steht.
Vom Altar tönt's: Helm ab zum Gebet!
Vater, in deine Hände mein Leben
Und das Herz der Mutter, die mir's gegeben! ...
Und wieder Trommeln und Hörnerdröhnen.
Gott zu Ehren, Welschland zu höhnen.
Gott zu Ehren, den Feinden zum Spott
Braust es »Nun danket alle Gott ....«

Stillgestanden! Dann schwenken und ziehen
Zurück ins Quartier die Kompanien.
Musik voraus, die Straßen entlang
Bis zum Brunnen der Jungfrau von Orleans.
Konzert für das fünfzigste Regiment
Vor der ehernen Jungfrau Steinpostament!
Hell schmettern die Regimentskapellen.
Das Kriegsvolk hockt auf den Häuserschwellen
Schwatzend und rauchend in guter Ruh;
Scheel und finster schauen die Welschen zu.
Schmettern führt ihnen durch Mark und Bein

Der Preußenmarsch und die Wacht am Rhein.
Zu des welschen Himmels blaugoldigem Glanz
Schwillt empor das »Heil dir im Siegerkranz!«
Die Musketiere im Schlenderschritt
Flanieren vorüber und pfeifen mit.
In Gruppen plaudern die Offiziere,
Musketiere und Kanoniere.
Zeitungen gehen von Hand zu Hand
Und machen neue Siege bekannt.

Vorüber der Tag. Die Nacht bricht ein.
Über Dächer und Wälder fließt Mondenschein.
Schwatzend und rauchend im Strohquartiere
Ruhn Musketiere und Kanoniere.
Durch die Nacht geht deutscher Soldatensang ...
Im Mond steht die Jungfrau von Orleans.
Der Brunnen plätschert zu ihren Füßen,
Er weiß keinen Trost, nicht herben noch süßen.
Vor dem Erzbild auf steinernem Postament
Steht Schildwacht vom fünfzigstem Regiment.
Der Brunnen träumt Märchen von Frankreichs Ehre,
Der Mond blinkt über die deutschen Gewehre ...

Im Schützengraben

In Frankreichs Erde haben
Wir und hinabgewühlt
Und lauern im Schützengraben,
Von welscher Erde durchkühlt.

Wir lauern nachtdurchfrostet
Und regenüberbraust,
Die treue Büchse rostet,
Am Kolben liegt die Faust.

Wir lauern am Waldesrasen,
Altweibersommer weht,
Der Mond baut Silberstraßen
Zum Feind, der drüben steht.

Wir liegen wie mit Grüften
Unter Mond und Sonnenschein
Und saugen das fremde Düften
Der welschen Erde ein.

Granaten gurgeln und krachen
Und streuen Tod umher,
Wir lauern und warten und wachen,
Die Augen werden uns schwer.

Wir hören des Nachts im Walde
Die Totenkäuze schrei'n;
Der Graben kann uns, wie balde,
Zum Grab bereitet sein.

Die Nebel fallen und steigen,
Die Blätter treiben ihr Spiel.
Herz, Herz, du solltest schweigen
Und redest, ach, so viel!

Herz, Herz, warum dich kränken
Mit Schatten goldener Zeit?
Du sollst nichts andres denken
Als deines Volkes Leid!

Wir mögen in Lumpen lungern
Durch Frost und Feindesland,
Nur du, du sollst nicht hungern,
Mein Volk und Vaterland!

Auf Horchposten

Vom Wasgau bis nach Flandern
Liegt deutsche Wacht und Bruderwehr.
Des Mondes blaue Schatten wandern
Fahl über graues Land und graues Heer.

Die Lippen müssen schweigen,
Viel Feind liegt nah auf leiser Wacht,
Doch singen rein und fromm die Geigen
Die tausend deutschen Herzen durch die Nacht.

Die Füße müssen stehen,
Wohin die Wächterpflicht sie bannt.
Mein Herz darf weite Runde gehen
Durch helles, liebes, deutsches Land.

Die Ohren müssen lauschen,
Wo unsrer Feinde Füße gehn.
Mein Herz hört deutsche Ströme rauschen
Und Winde fern durch liebe Wipfel wehn.

Rings dröhnt's aus Schlachtenwettern,
Die Welt hat weder Schlaf noch Ruh.
Es klingt wie zorn'ges Türenschmettern,
Als schlüg' man uns der Heimat Tore zu.

Schlagt zu und laßt es dröhnen!
Wir stoßen mit des Schwertes Knauf,
Wär's auch im Tode, Deutschlands Söhnen
Doch noch der Erde gold'ne Tore auf!

Patrouille

Wir schleichen grau durchs graue Feld.
Blaunebel hüllt die falsche Welt.
Wir äugen, eh' wir schrittweis' gehn,
Und horchen in das Windeswehn.
Vor uns vielleicht am Waldesrand
Liegt still am Abzug Hand und Hand,
Liegt Feind an Feind im Holz versteckt,
Von Strauch und Nebelhauch verdeckt,
Und schwarzer Funkelaugen Gier
Zählt still und ab: Eins – zwei – drei – vier –
Wir schleichen vor, gedeckt, geduckt ...
Ein Zweiglein knackt ... der Finger zuckt,
Und Fuß und Fuß und Atem stockt,
Wir stehen still wie angepflockt ...

Jetzt! – Jäh zerreißt der graue Rauch,
Rotlohe schlägt aus Strauch und Strauch!
Da liegt der Feind! Meldung zurück
Ans Regiment! Will's Gott, mit Glück ...

Achtung, Kam'rad! Und jeder liegt
Langhin der Erde angeschmiegt.
Im Sprung zurück! Gedeckt, geduckt,
Vom grauen Erdrauch eingeschluckt ...
Am Waldrand hockt der Tod und pfeift –
Fühlst du, wie harsch sein Atem streift?

Der feurigen Hornissen Schwarm
Trägt Gier nach unserm Herzblut warm.

Es zischt vorbei an Ohr und Blick
In Holz und Stein mit klack und klick ...
Ss ... sim fährt's vorbei wie Messerschnitt. –

Still gleitet eine Kugel mit,
Die eine, die dir selber gilt,
Die dir auf Herz und Leben zielt!
Ihr Flughauch löscht das liebe Licht,
Die eine Kugel hörst du nicht ...

Stoßgebet

Der du verschmähst des Pharisäers Bitten,
Wir sind uns eigner Schuld vor dir bewußt,
Doch, Herr, daß wir nicht sind wie diese Briten –
Vergib! und doch durchflutet's mir die Brust.

Mit selbstgerechtem Dank vor dich zu treten,
Ist Frevel. Doch, daß ich ein Deutscher bin ...
Vergib mir, Gott und Herr! Ich muß so beten:
Ich danke dir, daß ich ein Deutscher bin.

Das große Abendmahl

Wenn aus uraltem Blut ein Königssohn
Berufen wird, verwaisten Thron zu erben,
Tritt er zuerst vor Gottes Altarthron.
Im Abendmahle Gnade zu erwerben,

Der Herrenthron der Erde steht verwaist
In unsrer Zeit. Der Königspurpur gleitet
Von Britenschultern, und die Krone gleißt
Dem deutschen Volke, das zur Herrschaft schreitet.

Der du im Altarwein dich offenbarst,
Nie hörtest du ein solches Völkerbeten.
Der du wie wir ein Mensch in Leiden warst,
Sieh, reif durch Leid, uns Deutsche vor dich treten.

Zum Altar ward das Feld der Völkerschlacht.
Aus deutschem Blut ist Christi Wein bereitet,
Und in dem Blut der Reinsten wirkt die Macht
Des Herrn, der durch die heil'ge Wandlung schreitet.

Feldgraue Männer stehn um den Altar,
Vollbärt'ge Alte und weißhäut'ge Knaben.
Ein frommes Dürsten treibt die graue Schar,
Aus Gottes heil'gem Herzquell sich zu laben.

Von uralt frommem Gotteswunder hebt
Sich nun, wir fühlen's tief, ein letzter Schleier.
Gott heiligt unser Volk, und es erlebt
Im Weltbrand der Entsühnung Opferfeier.

Wie oft hing ich den dunklen Worten nach:
»... in meinem Blute ...« und »... für euch vergossen ...«!
Das Wunderland lag meiner Seele brach;
Nun hab' ich Brot und Frucht von ihm genossen.

Am Leidensweg des Volks, der blutig gleißt.
Erblühn die alten Wunder frisch erstanden:
Der reinen Brüder heil'ges Leiden reißt
Allmächtig uns aus eignen Sündenbanden.

Doch – hört des Abendmahles letzten Sinn! –
Sie starben nur für die, die für sie leben!
So nimm in Demut Pflicht und Opfer hin,
Du Volk, dem Gott in Bruderblut vergeben!

Nur der wird seiner alten Schuld befreit,
Der tätig wirbt, des Bruders Geist zu erben.
Wer anders trinkt vom heil'gen Geist der Zeit,
Dem bricht des Bruders Leidenskelch in Scherben.

Vergiß das Wunder nie, das du erlebt.
Mein Volk! Und laß dir's in die Seele schmieden:
Wenn er aus blut'gen Wolken niederschwebt,
Zum Totensonntag heil'ge du den Frieden!

Mein Volk, die Erde wird dein Thronensaal.
Kronerbe dieser Welt, von Gott berufen
Und nun entsühnt im großen Abendmahl.
Besteige rein des Throns entweihte Stufen.

Weihnacht im Felde

Als einst der ros'ge Christ geboren
In Bethlehem zur Weihenacht,
Hat Gott den Hirten vor den Toren
Durch schöne Engel auserkoren
Die erste Kunde zugebracht.

Die grauen Hüter auf dem Felde
In dunkler Weihenacht sind wir.
Oh, dass vom Wasgau bis zur Schelde
Der nächt'ge Himmel sich erhellte
Und Gottes Engel trät' herfür!

Einmal schickt Gott uns doch den Frieden,
So oder so, nach seinem Sinn,
Sei's droben, sei's im Sieg hienieden.
Wir nehmen, was er uns beschieden,
Demütiglich als Weihnacht hin.

Mit deinen Engeln, deinen schönen,
Du ros'ger Christ, kehr' ein, kehr' ein!
Die wunden Herzen zu versöhnen,
Lass du dein Friede! Freude! tönen!
Die grauen Hüter harren dein.

Mutter

Mutterherz, du reine Glocke,
Die durch all mein Leben tönt,
Die mich schon in Knabenlocken
Fromm mit Himmelsklang verwöhnt.

Durch der Kindheit Sonnentage
Töntest du mir lautre Lust,
Heute strömst du heil'ger Klage
Wohllaut in des Mannes Brust.

Töne, heil'ge Glocke, töne
In mein Leben tief hinein,
Daß mein Herz sich ganz gewöhne,
Echo deines Klangs zu sein!

Bismarcks Schwur

Totenballade zur Hundertjahrfeier

Gott hat die Völker der Erde entboten,
Die Lebenden hören's. Es hören's die Toten.
Erzengel Michael lädt zum Gericht,
Weltbrands Glut überflammt sein Gesicht.
Zum Gottesurteil mit lohendem Stahl
Umhegt er als Walstadt Berge und Tal.
Alle Völker der Erde stehen bereit
Zum Kampf um die Krone der Ewigkeit.
Alles tragen sie in die Schranken,
Herzen und Schwerter und Gedanken!
Alle Völker starren in blinkender Wehre.
In der Erde erwachen die schlafenden Heere!
Die Toten, aus Gräbern, hören marschieren,
Die Toten, die Toten mobilisieren – – –!

Es brandet und braust über Ländern und Meeren
Wie von Wild-Wodans wütigen Heeren.
Ein Grausen und Brausen wühlt mit Macht –
Weiß keiner, woher – in die Gluten der Schlacht.
Über der Söhne und Enkel Todesritt
Brausen die toten Geschwader mit.
Volk steht wider Volk zur Mauer geschweißt,
In Gewittern umflammt von der Ahnen Geist!

Wer führt unsrer Toten nächtige Heere
Im Sturm über Länder und Herzen und Meere?
Wer reitet vorauf, des Auges Glut

Tief überschattet vom dunklen Hut?
Es ist's. Der Eine. Der Völkerschrecken.
Der riesige Rufer im deutschen Wecken,
Der Recke, der Wachsame unter den Toten,
Dem Feuersäulen als Opfer lohten.
Er hielt bei Feuern auf Bergen Wacht,
Nun führt er die Toten in die Schlacht.
Er ist's, der in uralter Eichen Hut
In leisem Schlummer im Sachsenwald ruht,
Der in Hamburg über des Weltmeers Pracht
Grau und steinern hält drohende Wacht.

Er hörte in Jahren und aber Jahren
Die Züge donnernd zum Weltmeer fahren.
Das Lied deutscher Arbeit, das brausend klang,
War des Riesen im Walde Schlummergesang.

Da *klirrte* das Lied mit einem Mal!
Tausend Wagen frachteten grauen Stahl,
Grauen Stahl und grau-reisige Heere.
Tausend Wagen donnerten klirrend zum Meere ...

Von dem Kriegslied der feurigen Achsen geweckt,
Hat sich der Riese im Walde gereckt,
Und ist unterm Klirren der donnernden Achsen
Mit dem drohenden Haupt in die Wolken gewachsen.
Von seines Schrittes Wucht und Macht
Sind tief in der Erde die Toten erwacht.
Sie horchen und lauschen aus Erde und Gruft:
Der hundertjährige Bismarck ruft!

Der hundertjährige Bismarck wirbt
Ein Heer, an dem der Pöbel verdirbt,
Der Pöbel, der mit unreinen Waffen
Anfiel das Reich, das ein Bismarck geschaffen,
Der den Schild begeifert, den Bismarck geschmiedet,
Mit dem drei Kaiser die Welt befriedet!

Nun reitet der Riese. Ihm nach seine Toten,
Des heiligen deutschen Geistes Boten.
Durch Feuerwolken und Nacht dahin
Sieht man den Hundertjährigen ziehn.

An der Spree vor grausteinernem Kaiserschloß
Hemmt er zum ersten den nächtigen Troß.
An des Kaisers Türe zum Kaisersegen
Treibt's ihn die heilige Hand zu legen.
Im Kreis stehn die Toten wie zum Gericht,
Und der hundertjährige Bismarck spricht:

»Gott weiß: ich habe in alten Tagen
Dir, Kaiser, ehrlichen Groll getragen.
Du weißt, wie Tote grollen
Und wie am heißen Wollen
Des Lebenden der Groll der Toten zehrt
Wie Rost am Schwert ...
Heut, Kaiser, ist's dein Geist,
Der feuerrein von tausend Schwertern gleißt.
Heut, Kaiser, jätete dein heil'ges Wort
Den Bruderzwist aus deutschen Herzen fort.
Dein Wort griff tief,
Tief in die Erde, wo ich grollend schlief.
Mein Enkel reitet, Herr, in deinem Heer,

Doch geb' ich mehr!
Hörst du die Hand, die dir am Tore dröhnt?
Kaiser! Der Schatten Bismarcks ist versöhnt!«

Schwer dröhnt das Wort.
Durch Saal und Hallen schwillt es wachsend fort.
Ein Singen läuft durch den grauen Stein ...
Hochragend steht Bismarck im Sternenschein.
Grausteinern er selbst, doch von Licht durchglüht,
Das wie Morgenrot aus dem Innern ihm blüht:
Als heiliger Gral durch den Panzer von Stein
Strahlt das deutsche Herz mit rosigem Schein ...
– – – – – – – – – – – – – – – – – –
Der Morgen schwang die Fackel übers Land.
In Sonnennebeln schwand
Der Toten Chor.

Doch in des Kaiserschlosses eh'rnem Tor
Im Licht des Tags als Schicksalsrune stand
Tief eingebrannt
Des Toten Schwurhand, die daraufgelegen
Zum Kaisersegen.

Nachschwört ein Volk vor Kaiser Wilhelms Toren
Den Schwur, den Bismarcks Schwurhand vorgeschworen.

Der Burschenschaft ins Stammbuch

An der Kolnizanka, Juni 1915

Du hundertjähr'ge Burschenschaft,
Eichbaum aus Weltsturmstagen,
Du prangtest königlich in Kraft,
Nun stehst du sturmzerschlagen.

Der Sturm, der einst dein Saatkorn trug,
Und dem du wardst zum Hohne,
Erkenn' ihn, der die Fänge schlug
Auf's neu' in deine Krone!

Sturm machte deine Wurzeln stark,
Sturm formte deine Knorren.
Nie wird im Sturm dein Lebensmark,
Du hundertjähr'ge, dorren!

Eichbaum, laß sausen Ast und Sproß,
Laß niederfahr'n zur Erden!
Der Samen fliegt, Schoß grünt an Schoß,
Zum Eichwald sollst du werden!

Das Wutjahr rast, das Blutjahr tobt,
Einst wird der Tag erscheinen,
Da man den Gott des Glutjahrs lobt
In heil'gen Eichenhainen!

Dämmerstunde im Felde

Fern, fern auf deutschen Gartenwegen
Geht fromm dein lieber Frauenschritt.
Du hörst wie ich ein leises Regen
Und weißt es wohl: ich wandre mit ...

Des Himmels Rosenwunder blühen
Im See, von Wassern feucht umschäumt,
Es brennt in tiefem, tiefem Glühen
Die fernste Wolke lichtbesäumt.

Nun stehst du still im hellen Kleide;
Dein Haupt lehnt kühl am dunklen Holz,
Dein Herz ist schwer vom deutschen Leide,
Dein Herz ist weit vom deutschen Stolz.

Ich steh' auf schattendunklem Grunde
Im grauen Mantel hinter dir,
Und leise durch die leise Stunde
Geht Wort und Wort von dir zu mir.

Und heller schimmern deine Birken
Bei jedem Wort, das fromm erwacht,
Und immer tiefre Rosen wirken
Des Herrgotts Engel in die Nacht.

Ich möchte deine Hand erfassen,
Und auch die deine öffnet sich,
Da wirft der Mondgott seine blassen
Grabrosen zwischen dich und mich ...

O Dämmerstunde, Rosenstunde,
Wie bald dein Märchendurft zerschäumt!
In Welschland geh ich nächt'ge Runde,
Und unser Traum ist ausgeträumt.

Ich schreite über Feindeserde
In meines Mantels fahlem Grau.
Und doch: Ich steh' vor deinem Herde
Als Schildwacht, liebe deutsche Frau!

Wandervogels Kriegslied

Den Thüringer Wandervögeln ins Fahrtenbuch

Durch Vaterland und Feindesland,
Vom Wasgau bis nach Flandern,
Durch Polen und zum Weichselstrand
Ergeht ein Völkerwandern.

Das große deutsche Wandern hat
Gott selber ausgeschrieben,
Im Feuerschutt von Dorf und Stadt
Ist Spur der Schrift geblieben.

Wir wandern mit durchs breite Feld,
Durch hell' und dunkle Stunden,
Und wissen's wohl: es muß die Welt
An unsrer Fahrt gesunden!

Der Degen, den der König gab,
Er wandelt sich in Träumen
Zum alten lieben Wanderstab,
Bis Morgendüfte schäumen.

Und kommt die letzte Wandernot,
Die Not und Lust, zu wandern,
So schlummern wir ins Morgenrot,
Ein Bruder bei dem andern.

Der Stahl, den Mutters Mund geküßt,
Liegt still und blank zur Seite.

Stromüber gleißt, waldüber grüßt,
Feldüber lockt die Weite! –

Das Richtschwert

Des Weltbrands Flamme brandet und braust,
Die Erde glostet in Gluten.
Der Riesenhammer in Gottes Faust
Dröhnt schwer über Fluren und Fluten.

Zur Männerschmiede wurde die Welt,
Gott selber waltet am Herde.
Der Hammer fliegt, der Hammer fällt,
Nachdröhnt als Amboß die Erde.

Ein Richtschwert wird in Glut geschweißt,
Richtschwert über Völker und Zeiten.
Als Herr wird, wem es in Händen gleißt,
Über die Erde schreiten.

Vor Gottes Schmiede in Wetternacht
Die Großen der Erde hadern.
Gier nach dem Schwerte, Durst nach Macht
Wühlt heiß durch aller Adern.

Ihr Fürsten! *Wessen Schwurhand ist rein?*
Das Gottesschwert soll er fassen!
Auf, deutscher Kaiser! Das Schwert ist dein.
Gott will es dir leihen und lassen.

Das Soldatengrab

Zwei Vöglein sah ich schwingen.
Die schwangen auf und ab.
Zwei Vöglein hört' ich singen
Auf meines Bruders Grab.

Eins schwang auf grauen Flügeln.
Eins glänzte rosenfarb,
Sie sangen auf den Hügeln,
Wo mir der Bruder starb.

Ein Liedlein grau und öde
Rann trüb wie Sand in Sand:
Dein Bruder, der liegt schnöde
In Feindes Land und Hand.

Das Vöglein rosenfarben
Sang glockenrein ins Land:
Süß schlummern, die da starben,
In Gottes Land und Hand!

Ein Steinlein tat ich nehmen,
Grauvogel strich weitab;
Sein Lied soll dich nicht grämen,
Kam'rad im stillen Grab!

Doch vom Soldatenbrote
Verstreut' ich Bröselein
Wohl für das rosenrote,
Das Herrgottsvögelein.

Es soll sich fromm gewöhnen
An das Soldatengrab
Und soll von Liebe tönen
Ins liebe Herz hinab.

Kein welscher Laut soll klingen
Tief unter Schnee und Feld,
Die Himmelsvöglein singen
Deutsch durch die ganze Welt.

Der Schnee ging engelleise,
Ging engelflügelsacht,
Des Rosenvögleins Weise
Rinnt süß durch Tag und Nacht.

Der heilige Traum

Durch meine Träume, Mutter, gehst du sacht
So Nacht um Nacht ...
Ums liebe Haupt webt dir ein Lichtglanz her;
Allnächtlich wird des frommen Leuchtens mehr.
Erst war's im schwarzen Haar ein Silberreif,
Nun liegt's auf deinem Haupt wie weißer Reif.
Die Silberkrone, die dich rührend schmückt,
Hat dir dein Kind im Tod ins Haar gedrückt.
In ihrem heil'gen Glanze schreitest du
Durch dunkle Träume, Mutter, auf mich zu ...

Als Schildwach steh' vorm Feind ich Nacht um Nacht,
Mein Herz hält still vor deinem Herzen Wacht.
Und werf' ich mich aufs Stroh zu kurzer Ruh,
Treibt meine Seele ihrer Heimat zu.
Durch meine Träume, Mutter, rauscht dein Kleid,
Durch meine Seele rauscht und rauscht dein Leid ...

Und Nacht um Nacht führt mich der gleiche Traum:
Du gehst durch deines Zimmers frommen Raum
Still, Schritt um Schritt ...
Der Glanz der weißen Krone wandert mit.
Zum Erker gehst du, wo im Dämmerschein
Du einst uns spannst in deine Märchen ein –
– – – – – – – – – – – – – – – – – –
Acht Knabenaugen leuchten heiß und groß,
Acht warme Händchen spielen dir im Schoß ...
– – – – – – – – – – – – – – – – – –
Du senkst das liebe Haupt. Vorbei, vorbei.

Acht Hände ...
Fern in Frankreich ruhen zwei
Und halten tief im Schlaf in Feindesland
Des Kaisers heil'gen Degen fest umspannt.

Dort auf dem braunen Schreibtisch steht, gehüllt
In deutsche Farben, deines Jüngsten Bild,
Des sonn'gen Jungen, der im Kampfgewühl,
Umrauscht von seines Kaisers Fahne, fiel.
Leis bebt das liebe Bild in deiner Hand ...

Dein dunkles Auge wandert still zur Wand.
Du schaust, indes dir Herz und Auge quillt,
Mit rückgebog'nem Haupt des Kaisers Bild.

Ernst thront das Bild in dunkler Majestät,
Die kühl von tausend Heldengräbern weht ...
Dein Herz erbebt. Des Todes Schatten fällt
Fremd über dich und deine kleine Welt.
Demütig, leise senkst du deinen Blick,
Dein Auge schweift, als suche es das Glück,
Das einst in diesem Raum als Glöcklein schwang,
Als Silberbrünnlein sang und sprang und klang ...

Der alte Schrank im Winkel knistert leis,
Als raschle Rauschegold und Tannenreis.
Der liebe Schrank, der alle Schätze hegt,
Die deine Mutterhand in ihn gelegt!
Hier schlossest lieben alten Kram du ein
Wie fromm Gerät in einen Altarschrein.
Der Schrank weiß, Mutter: Dir schien nichts gering,
Was je durch deiner Kinder Hände ging.

Liebkosend, zage hebst du deine Hand,
Die Schranktür gleitet auf, du stehst gebannt ...

Erinnrung leuchtet hundertfältig vor
Wie Märchengold aus eines Zaubrers Tor.
Dein Blut wallt linder. Sieh, nun lächelst du!
Die Hand streift kosend ein Paar Kinderschuh',
Ein braunes Röcklein, ein Soldatenspiel,
Ein Segelschiffchen mit verwaschnem Kiel,
Ein rosa Blatt, darauf dein Liebling schrieb
Zehnmal mit krauser Schrift: »Ich hab' dich lieb!« ...

Und tiefer tastet, tiefer du hinein
Mit banger Hand in deinen lieben Schrein.
Sieh, Mutter! Nun sind deine Hände ganz
Umblüht von zarten Goldes frommem Glanz ...
Aus rosenweicher Hülle rieselt hold
Lichtfarbner Knabenlocken sanftes Gold.

Die Kindermähne, deiner Hände Spiel,
Die einst als erstes Scherenopfer fiel,
Die kleine, goldne Mähne leuchtet klar
In deiner lieben Hand wie Engelshaar.
Du beugst dein Mutterantlitz tief hinein
Und – küssest deinen eignen Heil'genschein.

Und nun – was tust du, Mutter? Königlich
Und priesterlich zugleich erschau' ich dich.
Den goldnen Kranz in Händen, schreitest du
Auf Kaiser Wilhelms dunkles Bildnis zu.
Der hellen Knabenlocken duft'gen Glanz
Hebst du empor wie einen Blütenkranz

Und hüllst in deines Lebens Heil'genschein
Das teure Bild des großen Kaisers ein.

Die Lippen regst du leis wie zum Gebet
Und Segen, der von Herz zu Herzen weht,
Ich höre jedes Wort, das fromm ertönt
Und heiligend dein Angesicht verschönt.
Zum Kaiser redest du als Priesterin:

»Für dich, Herr, gab ich meinen Liebling hin.
Es hat die Sonne meiner kleinen Welt
Die Sturmnacht deines großen Volks durchhellt.
Dacht' er – zu allerletzt! – an dich? an mich?
Ich weiß es nicht. Und darum lieb' ich dich.«

Andächtig stehst du. Dämmerung webt dicht.
Ums Bild des Kaisers nur fließt heil'ges Licht.

Leid ward aus Liebe, und aus tiefstem Leid
Wuchs größ're Liebe in die Ewigkeit ...
– – – – – – – – – – – – – – – –
Durch meine Träume, Mutter, gehst du sacht
So Nacht um Nacht.
Durch meine Träume, Mutter, rauscht dein Kleid,
Durch meine Seele rauscht und rauscht dein Leid ...
– – – – – – – – – – – – – – – –
Traum wird zu Klang, vor dem die Schwermut flieht,
Zum Liebesliede wird das Kaiserlied,
Zum Liede, das des Kaisers Haupt umweht
Und wie ein Engel seinen Thron umgeht:

Mein Kaiser! Laß in Horden
Anstürmen Feindesmacht!
Uns bist du Bruder worden
In Deutschlands heil'ger Nacht.

Du hast die Welt umworben
Zu heiß, zu treu, zu rein.
Was Haß an dir verdorben,
Bringt Liebe doppelt ein.

Die Welt, die falsche, scheele,
Tat dich in Acht und Bann,
Da klang die deutsche Seele
Als Kaiserglocke an!

Ob deinen Thron, den reinen,
Die Welt in Haß umstellt,
Es bauen dir die Deinen
Der Liebe goldnes Zelt.

Die Männerherzen glühen
Wie Stahl in Schlachtenbrand,
Die Frauenseelen blühen
Wie Rosen durch dein Land.

Mit Schwert und Büchse walten
Die Hüter deiner Macht,
Vor deinem Herzen halten
Die deutschen Mütter Wacht.

Die deutschen Mütter haben
Mit Kronen sich geschmückt,

Die ihnen Heldenknaben
Im Tod ins Haar gedrückt.

Es glühn die weißen Kronen
Des Leids in ihrem Haar;
Das ist ein sel'ges Thronen
Im Glanz der frommen Schar!

Ob tausend Feinde lauern,
Dein Volk hält durch die Nacht
Vor deines Schlosses Mauern,
Vor deinem Herzen Wacht!

Zweites Buch

Gedichte aus der Stille

Mutter

Fünf Sonette

1. Traum

Mir träumt', ich läg' in dunkelnder Kapelle.
Da hob sich's leise wie ein lindes Wehn,
Die Kuppel dehnte sich, schien zu zergehn,
Und langsam sank, sank unter mir die Schwelle.

Mich trug's hinauf, und über mir ward's helle.
Dem lieben Gott ins Antlitz dürft' ich sehn.
Wie Sterne friedvoll uns zu Häupten stehn,
So war dies Antlitz, eine linde Welle

Von Licht und Güte und von tiefem Frieden.
So sah ich nie ein Antlitz noch hienieden – –
Und, Mutter, da mit eins gehört es dir!

Ich barg mein weinend Haupt in deinem Schoße.
Dann sank ich, sank und sank ins Bodenlose
Und wachte auf, und niemand war bei mir.

2. Gefühl

Mir war verdrießlich, nüchtern-kühl zumute,
Mit Zweifeln hatte mich der Tag genarrt,
Ins weiße Lampenlicht hab' ich gestarrt,
Bis alles rot schwamm wie in warmem Blute –

Und tiefer sank mein Haupt. Mir war, ich ruhte
In Mutters Erkerzimmer; tiefer ward
Der roten Ampel Licht, so tief und zart
Wie deine Märchen, Mütterchen, du Gute.

So tief, wie wenn sich aus dem nächt'gen Schoße
Der düstern Wälder feierlich der große,
Blutrote Mond zum Firmamente hebt

Und all die Rätsel, die da in den Tiefen
Des weiten, dunklen Tales brütend schliefen,
Blut trinken läßt, daß unser Herz erbebt.

3. Erlebnis

Oft denk' ich deiner nicht durch Tag und Stunden,
Das Leben treibt mich strudelnd hin und her;
Dann kommen Nächte, taub und dumpf und leer,
Dann, Mutter, dann muß ich durch dich gesunden!

Wie oft nicht hab' ich's seltsam süß empfunden,
Als legte auf mein Haupt, so heiß und schwer,
Sich deine Hand wie eine heil'ge Wehr,
Sanft, leis und lieb, bis mich der Schlaf gefunden!

O Mutterhand, hilfst du mir auch durchs Morgen?
Ich werde zag, gedenk' ich all der Sorgen,
Der Wünsche aller, die durch dich zu mir

Geflossen aus dem Mutterherz, dem warmen,
Und doch, das Schicksal muß sich ja erbarmen,
Sonst, Mutter, wie bestünde ich vor dir? –

4. Erinnerung

Nun löst die Nacht die schweren schwarzen Flechten,
Aus denen süßes Düften, weich und lind,
Erquickend über müde Fluren rinnt,
Als ob die Winde Gottes Odem brächten.

Da ist mir wieder wie in schönren Nächten,
Die lang – wie lang! – hinabgeschwunden sind,
Da abends ich, ein müdgespieltes Kind,
Die Ärmchen dürft' um Mutters Nacken flechten.

Und ihre lieben schwarzen Haare fielen
Mir übers Antlitz, bis dann Lust und Spielen
Zur guten Nacht mit letztem Kuß belohnt ...

Heut' greif' ich nur in wesenlose Ferne,
Tief aber in der Seele trau' ich gerne,
Daß doch auch hier, auch hier die Liebe wohnt!

5. Segnung

Vordem war ich ein Knabe, ganz umflossen
Von Mutterliebe. Köstlich war die Hut.
Ich plätscherte, ein Fischlein in der Flut,
Von reinem, kühlem Glücke rings umschlossen.

Die heil'ge Flut liegt still und tief ergossen,
So heut' wie einst, da ich in ihr geruht;
Ich aber fahre durch die harsche Glut
Der Zeit auf meiner Sehnsucht Sonnenrossen.

Doch wie die Schwalbe sich aus Mittagsgluten
Zum Strom herabstürzt und in seinen Fluten
Die heißen, müden Schwingen badend kühlt,

So braucht auch meine Seele zum Gelingen
Des Sonnenflugs, daß sie auf ihren Schwingen
Den reinen Tau der Mutterliebe fühlt.

Instinkt und Religion

Gespräch mit einer Schwalbe

Du liebe Schwalbe, holder Federball,
Von unerschaffner Hand zum Lebensspiele
Hinausgeworfen in das blaue All,

Wer setzt der Märchenfahrt durchs Blau die Ziele?
Wer ist's, der Feind und Freund euch offenbart?
Wer lenkt so sicher eure leichten Kiele?

Wer ist's, der euch im Herbst zusammenschart?
Wer läßt im ew'gen Raum euch Wege finden?
Wer meldet euch die Stunden eurer Fahrt?

Wer lehrt euch, eure leichten Hütten binden?
Wer kündet euch die Notdurft eurer Brut?
Wer gab von Land und Wasser, Luft und Winden

Euch solche Kunde, daß ihr alles tut,
Als wärt ihr von uraltem Wissen weise?
Und doch pulst auch in euch nur rotes Blut

Und zieht ein Weilchen seine lauen Kreise
Und ebbt und flutet, bis der Tod es kühlt.
Wer gibt so ew'ge Weisheit kurzer Reise?

Wir müssen alles, was ihr sicher fühlt,
Ergrübeln mit ausklügelndem Verstande,
Der sich bewußt durch Raum und Zeiten wühlt.

Und doch! Zuweilen streifen wir die Bande
Der blitzenden Gedankenrüstung ab
Zum Schwalbenflug in ferne Wunderlande!

Dann sinkt das Diesseits hinter uns ins Grab,
Und alles, was uns sonst so sicher leitet,
Sinkt wesenlos und sinnlos mit hinab.

Und wie die Schwalbe ihre Schwingen breitet,
Unkundig des, was sie allmächtig treibt,
So wird auch unser Innerstes geweitet

Von einer Kraft, die ohne Namen bleibt.
Sie reißt den innern Sinn durch reine Sphären,
Die kein dem Staub entborgtes Wort beschreibt,

Wir fühlen Sehnsucht sich zum Dasein klären,
Des Ew'gen Hand lebt warm in unsrer Hand,
Das All scheint neu aus Nichts sich zu gebären,

Und das Erschaffne wird zum Kindertand.
Doch Kraft und Macht, die uns die Schwingen spreiten
Zu solchem Flug – wer hat sie je benannt?

Wie euch durchs Diesseits sich're Sinne leiten,
So uns durchs Jenseits, das im Diesseits webt
Mit seinen rätselbangen Seligkeiten –
Die Kraft bleibt namenlos. Genug, sie lebt!

Die drei Brunnen vor Gottes Tür

Die Menschenseele kam im Sterbekleid
Vor ihres Schöpfers Tor,
Die schimmerten aus dunkler Ewigkeit
Drei lichte Brunnen vor.

Die Seele neigte zu dem ersten sich
Und sah ihr menschlich Bild;
Der Brunnen sang: »So siehst du selber dich!
Mein Spiegel malt zu mild.«

Zum zweiten beugte sich die Seele bang,
Drin schwamm ein Bild, das glich
Dem andern kaum wie Spott. Der Brunnen klang:
»So sieht dein Schöpfer dich!«

Und leise aus dem dritten Brunnen hob
Ein Bild sich, klar und rein,
In dessen Zügen Glanz des Ew'gen wob
Wie inn'rer Glorienschein.

Ein Zürnen schwoll aus tiefem Brunnenschacht:
»Sieh, Menschenseele, sieh!
Des bist du selbst, so wie dich Gott gedacht,
Als er dir Leben lieh.

Zu diesem Bild gab er dir Stoff und Kraft
Und gab dir Schöpfermacht.
Du hast aus dir ein Stümperwerk geschafft,
Das Gottes Plan verlacht.«

Der Brunnen überquoll den goldnen Rand,
So wallt ein Herz in Zorn –
Der Weg zum Vaterhaus in Fluten schwand,
Es klang der Born:

»Zurück, du Tor! Im Werden daure aus,
Bis einst dies eine Bild
Aus den *drei* Brunnen vor des Schöpfers Haus
Dir rein entgegenschwillt!«

Der Zauberwald

Ins Leben wie in einen Zauberwald
Sind, heimatlose Kinder, wir verirrt
Und jauchzen bald vor Lust und wimmern bald,
Und keiner weiß, warum er so verstoßen wird.

Im Sonnenduft scheint Baum und Strauch vertraut
Und schmeichelt uns mit eigner Wohlgestalt,
Und immer kommt die Nacht, vor der uns graut,
Und Baum und Strauch und Feld schreckt uns nur noch als
Wald.

Und ruhlos immer irren wir im Kreis
Um dich, du uralt rätselheil'ger Baum!
Der Knabe streift dich scheu, dir naht der Greis
Und streckt in deinen Schatten sich zum letzten Traum.

Ich weißt nicht, such ich oder flieh ich dich,
Das Herz voll Inbrunst, Andacht, Groll und Spott?
Du zeitlos Nagender, einst bett' ich mich
In deinen Schatten, meine dunkle Heimat, Gott!

Das eiserne »Werde!«

Das Erz im Schacht spricht:

Mein Traum ist schwer. Mein Schlaf ist dumpf.
Ich liege tief und dämmre stumpf.
Ich zittre, wenn die Erde dröhnt
Vom Schritt des Lebens, der mich höhnt.

Das weißglühende Eisen spricht:

Wie loh und laut das Leben braust!
Wie heiß und harsch die Flamme saust!
Es strömt und schäumt wie brünst'ges Blut,
Ich pulse schwer in weißer Glut.
Das Werden dröhnt und schweißt und schafft,
Ich bin und werde wesenhaft,
Ein Teil der Weltenzeugungskraft.
Erz lag versargt in Kluft und Gruft,
Stahl herrscht in Wasser, Erde, Luft,
Stahl atmet aller Schlachten Duft!

Die Schiene im Strang spricht:

Das Leben hat mich übermocht,
Ich bin dem Leben unterjocht.
Ich bin kein Leid, ich bin ein Glied,
Durchpulst von fremdem Lebenslied.
Ins Sein, wie einst ins Nichts gefügt,
Weiß ich, wie sehr das Werden lügt.
Ich liege an der Erde Brust

Wie einst im Schoß ihr sonder Lust,
Des reichen Lebens unbewußt.
Der gleiche Rhythmus dröhnt und stöhnt,
Ich bebe, wenn sein Schall mich höhnt.
Auf – ab, ab – auf, auf – ab, ab – auf,
Das ist mein Teil am Weltenlauf.
In gleichen Pausen gleichen Stoß
Zu dulden, ist mein Sklavenlos.
Das Sein braust über mich dahin,
Ich weiß von ihm nicht Ziel und Sinn,
Ich weiß, daß ich sein Sklave bin,
Sein Knecht wie der, der mich geschweißt,
Er heiße, wie er immer heißt.
Handauf – handab, handab – handauf,
Das ist sein Teil am Weltenlauf.
Er ist wie ich gebundne Kraft,
Des ganzen Lebens unteilhaft,
Mit Recht trägt er mir Patenschaft.

Der Metalldreher

Ein eisern Spitzlein formte meine Hand
Für einen Knabenpfeil. Metallhell klang
Und schwirrend schrillem Ton der blanke Tand.
Und deutlich hörte ich's, das Dinglein sang:

Einst war ich Stoff in Stoff erschlafft.
Du Gott, der mich aus Dumpfheit schafft,
Du lösest mich als schlanke Kraft
Aus nachtumtrotzter Erdenhaft.
Ich war ein Nichts und bin ein Pfeil,
Aus Götterhänden flieg' ich steil,
Der Schwere ledig. Kraft mein Teil,
Und ew'ger Flug mein ew'ges Heil!

Ich aber sprach: Du Ding, ich bin kein Gott,
Bin Tand wie du, vielleicht nur Gottesspott.
Ein tändelnd Kind ist bald dein Gott. Du schnellst
Zehn Spannen weit, bis du zum Staube fällst,
Und ruhest wieder in Vergessenheit
Vom kurzen Sonnenrausch der Ewigkeit.
So ist auch meine Bahn. Mein Flug verbraust,
Indessen noch die Göttersehne saust.
Aus Dunkelheit durch Licht in Dunkelheit –
So tönt das Sarglied unsrer Ewigkeit.
Flieg, Dinglein, flieg! Dein Gott ist doch ein Kind,
Was wissen wir, ob bess're Götter sind!

Einem Neugeborenen

Wir lasen, daß Odysseus einst am Tor
Der Unterwelt das Schattenvolk, das fahle,
Mit ausgegossnem Blut zum Licht beschwor.
So goß in deinen Leib als Opferschale
Die unbekannte Gottheit rotes Blut.
Nun leckt das Totenvolk zum Lebensmahle
Der herbe Duft der frisch ergossnen Flut.
Noch ahnst du's nicht. Doch jeder muß erfahren
Den Totenzauber, der im Blute ruht:
Die einst – ureinst dir Väter, Mütter waren,
Sie wittern, daß aufs neu' ihr Zauber webt,
Und drängen an und wachen auf in Scharen,
Und drängen an und wachen auf in Scharen,
Eh' deine Seele noch die Flügel hebt.
Erinnrung kehrt ihren Schatten wieder,
Verscharrte Leidenschaft wird jäh belebt,
Und ihrem Dienste fronden deine Glieder.
Und während deine heiße Seele wirbt
Um blanke Schwerter und um goldne Lieder,
Flammt tief aus dir die Glut, die dich verdirbt.
Du wirst dir jählings fremd und ahnst mit Beben,
Daß deine Kraft an Totengiften stirbt.
Heil, wenn dir ein Odysseusschwert gegeben,
Wie's einst am Styx den Toten halt gebot!
Sonst kommt der Tag, da nur die Toten leben,
Und du, der Lebende, bist tot.

Die Sturmglocke

Ballade

Marodeure ziehn über den Frankenwald,
Ihr Ritt gilt dir, mein Sankt Sebald,
Dein weißgetünchtes Gnadenhaus
Gleißt allzuhell in die Lande hinaus,
Und wenn auch deine verstummten Glocken
Waldaufwärts längst keinen Beter mehr locken,
Machtvoller als stürmender Glockenschwall
Verlockt den Schweden dein stummes Metall.
Was gilt's? Verfällst du der Teufelsmeute,
So lernst du das modische Klingklanggeläute.
Die Glocken müssen in Taler zerspringen,
Die Glocke verstummt, und die Glöcklein klingen.

Auf der Höhe machen die Haufen halt.
Die Geieraugen gehn über den Wald ...
»Sacre nom! und Schwerenot noch einmal!«
Drei schmucke Dörfer prunken im Tal.
»Sacre nom de dieu!« Sie spitzen die Lippen,
Als gält' es von ungrischem Weine zu nippen.
»So ist denn zwischen Frankreich und Polen
Noch immer die Welt nicht ausgestohlen?
Gibt's hier noch Bauernhänse zum Stumpfen,
Hühner zum Rupfen und Laken zum Lupfen –?
Das wär' was für meines Vaters Lohn!
Stille jetzt, Kerls! Oder auf und davon
Geht das Gesindel mit Fladen und Braten.
Wittert der Bauernlümmel Soldaten,

Rennt er mit Sack und Pack zum Wald,
Und der Beutel bleibt kahl und der Magen kalt ...
Still, Kerls! Da, horch! Was war das? Halt,
Jetzt wieder ...« – »Ein Holzhacker schafft im Wald.
Dort über der Lichtung hämmert der Specht!«
»Teufel, der Kerl wär' uns eben recht,
Die fetteste Weide auszuspüren
Und uns vor die richtige Schmiede zu führen.
Holla, wer greift mir dem Lümmel ins Fell?
Mutter, Jungens, und schafft ihn zur Stell'!«

Drei schwärmen aus. Vier kehren zurück.
Drei zu Pferde und einer am Strick.
Halbflügger Vogel. Krausborstige Haare,
Eckige Glieder und sechzehn Jahre.
»Her, die Kanaille! Ei, du Wicht,
Du sommersprossiges Milchgesicht,
Willst du, zum Teufel, die Beine heben,
Oder soll ich dir Hilfe geben?
Kopf hoch« Und sprerr' deine Ohren auf!
Sag mir: Wo ist landab und landauf
Für meine Jungens der fetteste Happen
Auszuspüren und zu erschnappen?
Wer haust dort im Hofe? Wer dort zur Rechten?
Wer dort am Weiher? Mit wieviel Knechten
Gilt's dort drüben am Waldrand zu raufen?
Wo sitzt sich's am wärmsten für meine Haufen?
Maul auf, Laffe! Und willst du erfahren,
Wie man euch Hunde aus Haut und Haaren
Ausbalgt, so lüge dich um den Wanst!
Lüge drauf los, wie du magst und kannst,

Aber bis wir den Tanz beenden,
Bleibst du mir unter Augen und Händen!«

Der Junge kraut sich den braunen Schopf:
»Herren, geht es um Hals und Kopf,
Alsdann – und bin ich gleich ein Christ –
Lieber in die Hölle als auf den Mist!
Also ich leist' euch das Judasstück,
Aber gerät euch der Handel nach Glück ...«

»Feilscht der Lump um den Judaslohn!
Recht so, Junge! Das findet sich schon.
Vorwärts also, was hast du zu sagen?«

»Wenn mich die Herren so peinlich fragen –
Alsdann, der Herrgott mag mir verzeihn,
Im Kloster dort, das euch der Wald verdeckt,
Sind die meisten fränkischen Taler versteckt.«

Der Schnapphahn reckt sich in Sattel und Bügel.
»Wo?« – »Dort hinter dem Föhrenhügel.«
Drauf der Junge: »Beliebt es den Herr'n Junkern
Im Kirchturm mit mir ein paar Stufen zu steigen,
Könnt' ich alles zum Greifen zeigen.«
»Das wäre ...! – Löst ihm die Stricke auf!
Vorwärts, Bursche, du steigst vorauf!«
Der Junge hastet die Stiege empor,
Über die Brüstung beugt er sich vor.
»Dort, Herr!« – »Dort, Herr! Ihr greift's mit Händen!
Dort unten!« – Um des Hauptmanns Lenden
Schlagen sich hart wie Bärenpratzen
Zwei eisern packende Bauerntatzen.

»Sacre nom –« das bebt wie ein Hebebaum.
»Hilfe!«
Da schwebt er im leeren Raum
Und saust mit zerschelltem Schädel zu Grund.
»Greift zu, Herr, und genießt's gesund!«

Jetzt aber gilt's. Der flaumbärtige Junge
Gewinnt die Treppe entreißt er den Balken
Und beginnt die morschen Stufen zu walken.
Gebrüll aus der Tiefe. Die Tür fliegt auf,
Die Marodeure stürmen zuhauf
In den Turm, daß Koller und Panzer rasseln,
Aber die Treppe mit Staub und prasseln
Kommt ihnen auf halbem Wege entgegen ...
Hei, und die Junge weiß sich zu regen!
Kaum schickt sich die Treppe zur tollen Fahre,
Schwingt er sich schon nach Katzenart
Durch die Luke zum Glockenboden empor,
Und heulend über dem brüllenden Chor
Tollwütig rasender Marodeure
Stürmen toll und toller die Glockenchöre.
Sturmglocken dröhnen über Land:
Hüte dich, Bauer! Feinde im Land!
Die Schweden schießen wie toll. Der Turm
Spickt sich mit Kugeln.
Sturm, dröhnt's, Sturm, Sturm!
Das ist kein Geläute, um Bräute zu locken,
Sind keine salbadernden Totenglocken,
Das ist ein Atemholen und Heulen
Und Brüllen über Länder und Meilen,
Ein Gebrüll, das aus rasselnder Lunge drängt
Und stockt und stürmt und die Brust zersprengt ...

Die Dörfer im Tale gehen auf Reisen:
Ein Gewimmel verstörter Waldameisen,
Ein Hierherdrängen, ein Dorthinhasten,
Ein Schleppen von Ballen und Karrenlasten,
Ein Schelten von Männern, Gewinsel von Kindern,
Ein Hundegekläff hinter Schafen und Rindern –
Hundert Menschenbächlein rieseln im Tal
Und versickern im Walde allzumal,
Versinken in Höhlen, versickern in Schluchten,
Münden in Dickicht und Felsenbuchten ...
Die Schweden schäumen. Laß echappieren,
Was Beine hat! Der Hund muß krepieren!
Das flucht nach Stangen, das wettert nach Stricken,
Leitern zum Stürmen zusammenzuflicken.
Da, zwischen die Meute mit einem Sprunge
Wirft sich ein alter, narbiger Junge,
Des Hauptmanns Schärpe rafft er vom Grund:
»Mir gehorchen die Haufen von Stund'!«

Reit't euch der Teufel!? Tüchtige Bracken,
Die, den Hirschen vor sich, die Katze packen!
Fort mit den Leitern! Wer mag da klettern,
Wo ein Ziegel genügt, uns den Kopf zu zerschmettern!
Soll der Bauernflegel sich brüsten und prahlen,
Daß wir so teuer für ihn zahlen?
Fort mit den Leitern! Werft Feuer in'n Turm!
Verbrennt das Holz, so verbrennt der Wurm ...

Recht so, Burschen! Bravo! Eingeheizt,
Daß dem Laffen der Qualm die Nase beizt!
Wetter, das schafft! Der alte Plunder
Brennt wie ein Haufen trockener Zunder.

Von Sparren zu Sparren hüpft der Brand,
Eine Riesenfackel lodert ins Land!
Aber aus Schwalch und Brand noch immer
Heult der Glocke Todesgewimmer ...

Der Bauerntrotz rast in dem Jungen,
Das Glockenseil um den Leib geschlungen,
Läutet er mit verqualmten Lungen,
Läutet er mit zerspringenden Adern
Fort und fort zwischen wankenden Quadern;
Feuer in Kleidern und Augen und Haaren,
Läßt er das glühende Seil nicht fahren,
Bis der Turm in seinen Fugen erbebt
Und stürzend Glocke und Glöckner begräbt ...

Zur Nacht grub ein Mönch mit Schaufel und Hacke
Die Glocke aus der qualmenden Schlacke.
Und als er die Glocke hervorgeholt,
Da hing im Metalle, halbverkohlt
Und umschmolzen von der erstarrten Erz
Der Junge. Das stach dem Alten ins Herz
Und mit verbissenen Zähnen grub
Er tief in den Grund: »Da schlafe, Bub!
Und nimm die Glocke zu deinem Sarg,
Die sich in glühenden Armen barg.
Und tritt in dem ehernen Märterkleid
Vor den Richter dieser verruchten Zeit!
Kann sein, daß er dich samt dem erzenen Rocke
Als Klöppel in seine Himmelsglocke
Hängt und mit dir der verfluchten Zeit!
Kann sein, daß er dich samt dem erzenen Rocke
Als Klöppel in seine Himmelsglocke

Hängt und mit dir der verfluchten Zeit
Das Amen läutet in Ewigkeit!«

Frau Ruth und die Greife

Ballade

Drei Greife hegt Herzog Erichs Gemahl,
Ihr Dienst ist Luft, ihr Lohn ist Qual.
Berndt Greif, der des Schlößleins Mauern betreut,
Hans Greif, der ihr Kelch und Oblate beut,
Hein Greif, der Page, rotseiden beschuht,
Trägt nachts die Fackel vor Herzogin Ruth.
Süß, Herzogin Ruth, ist der Greifen Dienst!
Herb ihr Gewinst.
Süß und herbe streust du ihr Brot,
Irdische Lust und ewige Not ...

Herzog Erich tritt lodernd vor Berndt den Greif:
»Du dientest lange, dein Lohn ist reif.
Die Schwelle, die ein treuloser Hund
Zu lange bewacht, hüt' ich von Stund'.
Ein Hund, der des Hauses Schwelle befleckt!
Ein Hund, der wider den Herrn bleckt!
Nieder in Grund!« – Des Herzogs Schwert
Lähmt die Hand, die mild nach dem Degen führt.
Von weißer Stirne strömt heißes Blut
Und löscht der Augen heißere Glut.
Berndt Greif, fahr hin!
Wie der Dienst, der Gewinn.
In ihrer Kammer erschauert Frau Ruth.
– – – – – – – – – – – – – – –
Heinz Greif trägt die Fackel vor Herzogin Ruth.
Die Höflinge hänseln das junge Blut:

»Glühwürmchen leuchte! Doch hüte dich fein
Und leuchte nicht über die Schwelle hinein!
Drin hockt dein Bruder, die Fledermaus.
Dem Pfaffen ist deine Leuchte ein Graus,
Hüt' dich, Heinz Greif!«
Der Junge geht steif
Vorüber und leuchtet Frau Ruth voraus.

Das Kienholz knistert. Die Schleppe rauscht,
Seiden auf marmornen Stufen gebauscht.
Ein schweres Atmen geht durch das Haus.
Frau Ruth blickt weit in die Mondnacht hinaus,
An die kühle Fensterbrüstung gelehnt ...
Wie die Zeit sich dehnt!

Auf des Pagen Schulter ruht ihre Hand.
Dem Jungen brennt Feuer durchs seidne Gewand.
Zuckend entweicht er der süßen Last.
»Heinz Greif! Heinz Greif! Ein Greif, der mich haßt?
Heinz Greif, was hassest du diese Hand?«
Heinz Greif, steht weiß wie die Marmelwand,
Sein Auge dunkelt, die Lippe zuckt,
Die Nüstern beben, die Kehle schluckt.
Eine lässig erhobene schlanke Hand
Schimmert aus rieselndem Spitzengewand.

»Eure Hand ist schimmerndes Elfenbein
An einem köstlichen Altarschrein,
Wenn sie still und schlank euch im Schoße ruht.
Meine Fackel weckt ihre verborgene Glut,
Daß sie, von purpurner Helle durchbebt,
Allen Zauber verrät, der in euch webt.

Vor dieser Glut hat mein Herz geschaudert,
So oft ihr nachts am Kamin geplaudert;
So oft ihr sie lässig zum Feuer hobt,
Hat mir das Herz unterm Wams betobt,
Sah ich des Blutes purpurnen Gang
Der als Brand in die Augen der Herren sprang!
Eure Hände sind anders als Menschenart,
Eure Hand, Frau Ruth, ist so weiß und zart,
Daß sie matt in perlmutternem Leuchten steht,
Wenn der Milchglanz des Mondes durch sie geht.
Der süße Zauber der Hand erstirbt
Nicht, ehe der letzte Greif verdirbt!«

Rasch sinkt die Hand der Herzogin und
Zürnt leichten Schlags auf dem roten Mund,
Der sich wölbend dem Schlage entgegendrängt
Und die weißen Finger kosend empfängt.
»Unartiger! Schweig! Und befiehl deinem Blute!
Kränkst du Frau Ruth, so kränkt dich die Rute,
Still, Bub! Vorwärts und leuchte voraus!«
Licht und Schatten durchspuken das Treppenhaus.
Das Kienholz knistert. »Heinz, hüte dich fein
Und leuchte nicht über die Schwelle hinein!
Drin hockt dein Bruder, die Fledermaus;
Dem Schwarzen ist deine Leuchte ein Graus.
Hüt' dich, Heinz Greif! ...
Der Junge geht steif
Und schwankend und leuchtet Frau Ruth voraus.

Dort gleißt ihre Schwelle. Schwerer Damast
Und goldene Tröddeln begraben sie fast.
Weiß glüht sie herüber in rotem Licht.

Regte sich's nicht
Hinter der Vorgänge purpurner Last?
Frau Ruth neigt sich lächelnd: »Heinz Greif, gut' Nacht!«
Die Seide knistert, »Heinz Greif, gib acht,
Der süße Zauber der Hand erstirbt
Nicht, ehe der letzte Greif verdirbt!«

»Strauchelst du, Heinz?« Der rotseidene Schuh
Des Pagen hängt in der Schleppe. – »Du,
Ungeschickter, wart'!« Ist der Junge
Toll geworden? Mit täppischem Sprunge
Rafft er sich auf, steht halb, stürzt nieder
Und füllt schluchzend über das Schleppgewand nieder.
Antlitz und Hände und lodernder Brand
Wühlen heiß in dem spitzenbesäten Gewand.
»Heinz –!«
Die Spitzen kosender Flaum
Auf Busen und Nacken wirf roter Schaum,
Rote Schmeichelnde fließende Glut ...
»Frau Ruth, Frau Ruth!!
Ich bin schuld an eurem teuersten Blut!«

Die Flamme giert.
Der Junge springt auf. Er schluchzt. Er stiert,
Stiert in den lebendigen Tod,
In die zehrende Not
»Frau Ruth, Frau Ruth!«
Er umfängt das Weib, ihn umfängt die Glut.
Unter den Flammen sucht er den heißen Mund
Und preßt seine Lippen todeswund
In den blühenden Tod ...

Über die Schwelle, glutüberloht
Hastet ein Schatten … Ein weißes Gesicht ...
Die schwarze Soutane vermummt dich nicht,
Hans Greif!
An dem flammengezimmerten Hochgericht
Huscht er vorüber. Treppab. Weltein.
Alle Wege lodern in blutigem Schein,
Alle Wege, Hans Greif!

Hochgebirge

Granitene Unendlichkeit! Ich kaure
In deinem grauen Riesenschoß und schaure
Vor dir in Andacht bis ins tiefste Mark.

Ich fühle, Gott, hier brach dein Pflug die Schollen,
Der mächtige, und die Gebirge quollen
Um weite, breite Ackerfurchen auf.

Fern um der grauen Schroffen höchste Spitzen
Zuckt noch ein letztes gleißendhelles Blitzen
Der Pflugschar, die durch Ewigkeiten wühlt.

Und Licht und Schatten, wo dein Pflug gezogen,
Seh' ich in Wolkendünsten brodelnd wogen
Wie warmen, lichtgetränkten Schollenrauch.

Ich bin ein Saatkorn, deiner Hand entfallen,
In deinem Acker. Ew'ge Kräfte wallen
Um mich, durch mich. Und, Gott, dein Korn bricht auf.

Lebensdrang

So wie im Marmorblock die Form, verschlossen
In Unform, harrend nach Erlösung schmachtet,
So fühl' auch ich in mir, zu tiefst verdrossen,

Mich selbst in Unform grabestief umnachtet
Und such' zur Form mich endlich loszuringen;
Und meine eingebor'ne Form verachtet

Die Stümper, die in mein Gefängnis dringen
Und, unerschaffen selber, schöpfen wollen.
Ich fühle mich von Menschen und von Dingen

Drangvoll umgeben, und ich hör' mit Grollen
Ihr unwillkommnes Bröckeln, Splittern, Pochen,
Die Stümperschläge, die mich bilden sollen,

Und wittre die Gefahr, zu Nichts zerbrochen
Den tausend Schöpfern endlich zu erliegen,
Zu Schutt statt Form gewandelt ungerochen.

So lieg' ich drangvoll in mir selbst, verschwiegen,
Unkund des Schöpfers. Doch an seinen Schlägen
Spür' ich ihn einst und weiß dann: er wird siegen!

Mensch oder Gott, du brauchst dich nur zu regen,
Und kraftvoll wird aus eingebornen Normen
Vollenden sich, was scheintot nur gelegen,
Und Urform wird sich aus sich selber formen.

Abendgebet an die Nacht

Laß deine dunkle Stille tiefer fluten,
Ersehnte Nacht, und sauge all mein Sein
Erlösend wesenlos in dich hinein
Und lösch' in Herz und Hirn die müden Gluten!
Du Grab und Mutterschoß der Erdentsproßnen,
Du tilgst, was heut allmächtig in uns lebt,
Du bindest, wie du willst, was in uns webt,
Und hebst uns aus dem ewig unerschlossnen
Abgrund des Unbewußten neues Wesen!
Gut oder schlecht gebierst du uns dem Licht.
Üb' auch an mir die dunkle Mutterpflicht:
Laß mich vom Heut und von mir selbst genesen!

Schlaflos

Die tiefen Brunnen alle sind erwacht,
Die nur in schwüler Nacht zu rauschen heben,
Und rauschen laut und ruhlos durch die Nacht.

O komm doch, Tag, und löse diesen Bann
Und überlärme dieses bange Leben
Der nächt'gen Welt, die nicht entschlummern kann!

Mitten im Kampf

Ein Tag wie eine verlorene Schlacht.
Zermartert Kopf und Glieder!
Mit geballten Fäusten warf ich zur Nacht
Mich auf mein Lager nieder.

Und Schlaf und Traum. Und bin erwacht.
Erwacht mit gefalteten Händen!
Und gestern Gott und die Welt verlacht –
Herz, Herz, wie wirst du's enden?

Gesegnete Nacht

Der Mond durchpflügt die Wolken. Silbern blinkt
Die Pflugschar durch die feuchten Wolkenschollen.
Ein Rauschen, als ob Saatkorns Fülle sinkt,
Das unsichtbarer Segenshand entquollen,
Geht durch die Nacht. Und meine Seele trinkt
Den süßen Hauch der Fruchtbarkeit in vollen
Tiefdurst'gen Zügen lechzend in sich auf.

Das schlafende Haus

Die Mutter Nacht geht leis durchs Haus
Und löscht die letzten Kerzen aus.
Ihr Schleier duftet zart und rauscht,
Wenn ihn der Zugwind leise bauscht.
So rauscht durch Linden Himmelsluft,
Wie Kindesatem weht sein Duft.
Sie segnet fromm das ganze Haus
Treppauf, treppab, türein, türaus.
Sie sitzt am Herd und hält die Hut
Und scheint ein Schatten müder Glut.
Ein Bettlein ächzt, ein Brettlein stöhnt,
Ein schlummertrunknes Büblein klöhnt,
Ein traumverlornes Stimmlein klingt,
Die Nacht am Herde sitzt und singt:

Gottesodem strömt und rinnt
Sacht durch Mann und Weib und Kind,
Leise hebt er Brust um Brust,
Wandelt sich in Kinderlust,
Weibesschönheit, Manneskraft,
Gottesodem webt und schafft,
Gottesodem strömt und rinnt
Sacht durch Mann und Weib und Kind ...

Die Nacht am Herde sitzt und wacht
Und singt nur leis und atmet sacht.
Leis weht der Nachtwind ein und aus,
Ganz leis: Die Freude schläft im Haus.
Die Freude schläft im Haus und träumt,

Bis goldnes Licht in Wolken schäumt.
Dann schlüpft beim ersten Tagesglühn
Vorm Fenster tief aus Birkengrün
Ein Vögelein und singt mit Macht
Sein Wächterlied: »Frau Nacht! Frau Nacht!
Hab Dank! Die Freude ist erwacht!«

Der Tag kommt!

Im Osten über der schroffsten Wand
Schwingt der Morgen den lodernden Brand,
Das Feuersignal:
Merkt auf im Tal,
Der König kommt über die Berge ins Land!

Ein Windstoß. Ein Bote auf schnaubendem Roß
Braust vom Berge. Ein zweiter. Hurtig, Genoß!
Vorüber auch der ...
Und nun braust er daher,
Der Tag mit seinem lärmendem Troß!

Tagesanbruch

Ein weißes Segel brennt am Horizont,
Aufblendend über nachtverhangner Flut
Und wächst und wächst und gleißt grellübersonnt,
Heiho, du Sonnensegler, segle gut!
Lichtweißer Gischt schäumt um den schlanken Bug,
Milchweiße Möwen schimmern Zug um Zug,
Goldrote Fische schießen durch die Flut,
Als wären's Streifen rot von Feindesblut
Aus nächtiger Schlacht ...
In den Fluten versinken die schwarzen Galeeren der Nacht ...

Frühlingskommen

Ich habe des Frühlings Atem verspürt,
Sein Hauch ging kosend und lind;
Die Nacht hat so weich an mein Fenster gerührt,
Nun hüte dich, hüte dich, Kind!

Im Frühtau schnitt ich am wilden Wein,
Ich schnitt der Rebe ins Blut,
Die Säfte stiegen und netzten den Stein,
Da hab' ich erschrocken geruht.

Durch Wald und Wiesen treibt es mich hin,
Lenzlieder fahren im Wind.
Mir ist so eigen, so schwül zu Sinn –
Nun hüte dich, hüte dich, Kind!

Lenz

Es ging ein leiser, holder Schall,
Als stäubte Sonnenregen,
Durch diese Nacht ...
Nun ist's vollbracht,
Der Morgenlüfte feuchter Schwall
Trägt uns den Lenz entgegen.

Die goldne Lichtflut schäumt herein,
Schäumt auf an Wolkendämmen,
Es will die Flut
Ihr köstlich Gut,
Den Lenz, das nackte Junkerlein
Der Welt ans Ufer schwemmen.

Du!

So ist der Weg zu dir: Da Wörtlein Du
Fliegt wie ein Vöglein meinem Pfad voraus
Und lockt und singt. Und selig schreit' ich zu,
Und all mein Blut wallt warm im Herzen auf
Bei seinem süßen Lockruf: Du, o du!

Und bin ich bei dir, taucht das Vöglein mir
Im tiefsten Herzen unter. Du, o du!
Jauchzt jeder Puls und jeder drängt zu dir
Und findet erst an deinem Herzen Ruh' –
Dort pulst ein süßes Echo: Du, o du!

Der bunte Fächer

Kramte heut' in alten Sachen.
Plötzlich ganz im Schubfach unten,
Sah ich einen seid'nen bunten
Fächer mir entgegenlachen.

Sieh! Den hab' ich einst gefangen,
Wie die Kinder Falter haschen,
Die an süßen Blüten naschen,
Listig-täppisch, voll Verlangen.
Auf dem allerliebsten Händchen
Sah ich meinen Falter wippen
Zwischen Händlein, Brüstlein, Lippen
All mit seinen bunten Bändchen.

Wollte heute noch probieren,
Ganz behutsam, ganz manierlich,
Ob das Dinglein noch so zierlich;
Aber ach, da mußt' ich spüren,
Daß der zierlich bunte Pfaue,
Der so hold um Rosen gaukelt,
Nicht so leicht und lieblich schaukelt
Auf dem Blümlein Bärenklaue!

Mocht' ihn drehen, mocht' ihn wenden,
Der so hübsch einst konnte wippen
Zwischen Händlein, Brüstlein, Lippen,
Lag mir tot in plumpen Händen.
Mir ins Antlitz noch zum Spotte
Huschte aus dem seid'nen Tande

Eine kleine, süffisante,
Garst'ge, alte graue Motte.

Zwar den garst'gen grauen Eisen
Ließ ich unter schweren Füßen
Gleich sein Spottgelüste büßen –
Aber kann es etwas helfen?

Im Wechsel

Wie blaue Wellen hüpften diese Tage
Lebendig zwischen bunten Ufern hin;
Nun steht am Wehr die große Zweiflerin,
Die Zeit, und staut die Flut. Ich steh' und klage.

Vorbei! Ich fühl's mit jedem Herzensschlage:
Matt all des farb'gen Treibens ist mein Sinn.
Ich fühle tief, daß ich verstoßen bin
Aus allem, was ich war, und ich verzage.

Was ich empfand als warmes, tiefstes Leben.
Wie flücht'ge Eintagslust seh' ich's entschweben
Matt, wehrlos zwischen Lust und Überdruß.

Wie Narrenkleider möcht' ich's von mir streifen.
Und meine armen, hast'gen Hände greifen
Doch bang nach dem, was ich verlieren muß.

Einkehr

Wohl, so sei es eingestanden:
Ja, ich glaubte schon zu landen,
Und ich war ein armer Tor.

Was ich war, hab' ich verloren,
Unerkannt und ungeboren
Keimt es erst in mir empor.

Mag's mich noch so sehr verdrießen,
Herz, hier hilft kein Augenschließen,
Meine Hände bleiben leer.

Was ich bin und was ich werde,
Ist wie unbekannte Erde,
Ist wie unbefahr'nes Meer.

Doch schon regt sich's zag und leise.
Und es zuckt im Wünschelreise
Und ich spür' lebend'gen Grund.

Heimlich unter meinen Füßen
Hör' ich junge Brunnen fließen –
Lebensquell, o gib dich kund!

In der Geburtstagsnacht

Aus schlafschweren Arme der Mutter Erde
Windet sich leise der junge Tag,
Staunende Neugier im lichtklaren Auge,
Ob sie noch immerfort träumen mag.

Prüfend legt er die warmen Finger
Leiser atmend an Mutters Mund:
»Mütterchen Erde, spinn wieder ein Märlein!
Deine Märchen sind frühlingsbunt.« –

Und ich denke der dämmernden Stunde,
Da sie mein sprossendes Lebensreis
Sinnend verwob in den Kranz ihrer Märchen,
Altmutter Erde, die alles weiß.

Und ich denke der dämmernden Stunde,
Da aus den Händen der Kranz ihr fällt.
Welkende Blumen, die dufteten einstmals –
Taufrische Kränze windet die Welt.

Und meine Träume – wie bunte Falter
Zittern sie jetzt um den duftenden Strauß.
Kommt einst der Tag, da die Falter sterben,
Mütterlein nicket: »Das Märchen ist aus.«

Winterabend

Im Westen schaufelt unsichtbare Hand
Auf düstern Bergen schwarze Wolkenschollen.
Ein offnes Grab droht aufgetürmt ins Land.

Da wirft ein Recke in titan'schem Grollen
Den lichten Leib in die gewalt'ge Gruft,
Und augenblicks, wie seinem Blut entquollen,

Entschwebt dem schwarzen Grab ein Rosenduft,
Und Rossen quellen schimmernd über Rosen ...
Fern klagt ein Vogel durch die schwere Luft:

»So schiedst auch du dich von der freudelosen,
Verlaßnen, bleichen Braut, der armen Welt?
Was schmeichelst du ihr mit süßem Kosen

Ein trugvoll Glück, das nun mit dir zerfällt,
Und ließest sie allein in nächt'gen Räumen,
Die allzu öde starren, junger Held,
Zu öde selbst, um nur von dir zu träumen!?«

Vor dem Einschlafen

Und wieder zwingt der Schlaf mich in die Kissen –
Wie mir vor euch, traumvolle Nächte, graut!
Die Dämme, die der Tag den Kümmernissen
Mit mehr als Menschenkraft entgegenbaut,

Habt ihr noch stets mit einem Hauch zerrissen,
Daß all die Ängste, bergehoch gestaut,
Mich überbrandeten in tollen Güssen. – –
Nicht träumen müssen, Gott! nicht träumen müssen!

Lebensfahrt

Über den Mond zog
Ein silbernes Wölklein.
Tauchte auf.
Tauchte nieder in Nacht
Und zieht einsam
Mit lastender Fracht
Aber schweigende Himmel
Wohin –?

Menschleins Grabschrift

Im Winde fuhr ein kleines Lied
Vom Hangen und vom Bangen,
Im Winde fuhr ein kleines Lied –
Der Wind ist schlafen gegangen ...

Biographie

1887	*6. Juli:* Walter Flex wird als Sohn von Rudolf Flex, Gymnasialprofessor, und seiner Frau Margarete, geb. Pollack, in Eisenach geboren.
1906	Studium der Germanistik und Philosophie (nach anderen Quellen: Geschichte) in Erlangen und Straßburg. Während seines Studiums schließt sich Flex einer Burschenschaft an.
1910	Abschluss des Studiums mit einer Promotion über deutsche Demetrius-Dramen.
1910–1914	Flex unterrichtet als Hauslehrer bei adligen Familien, darunter bei der Familie Bismarck. Erste schriftstellerische Versuche.
1913	Entstehung des Zyklus »Zwölf Bismarcks« und des Dramas »Klaus v. Bismarck«.
1914	Meldung als Kriegsfreiwilliger. Flex verfasst vaterländische Gedichte, die auf allgemeine Zustimmung stoßen, darunter »Das Volk in Eisen«.
1915	*März:* Er wird Frontoffizier im Osten, wobei Flex einige Zeit in Berlin an kriegsgeschichtlichen Werken arbeitet. Entstehung des Gedichtes »Sonne und Schild« und der Erzählung »Vom großen Abendmahl, Verse und Gedanken auf dem Feld«.
1916	Während seiner Arbeit an kriegsgeschichtlichen Werken entsteht »Die russische Frühjahrsoffensive 1916«.
1917	Entstehung des Gedichtes »Im Felde zwischen Tag und Nacht« und Flex' berühmtesten autobiographischen Werkes »Wanderer zwischen beiden Welten«.

	16. Oktober: Bei einem ungedeckten Erkundungsritt gegen Infanterie fällt der 30-jährige Flex auf der livländischen Insel Ösel.
1918	Posthum wird die Erzählung »Wallensteins Antlitz, Gesichte und Geschichten vom Dreißigjährigen Krieg« veröffentlicht.